红心向党 逐梦"三航"
——发展对象培训教程

HONGXIN XIANG DANG ZHUMENG "SANHANG"
——FAZHAN DUIXIANG PEIXUN JIAOCHENG

主编　王玉玲　王一宁　张　丽

编者　祝晶华　李　玥　侯一欣

　　　黄宇星　罗淑娟　李国骏

　　　高　瑞　徐雨萌　黄　蒙

西安交通大学出版社
XI'AN JIAOTONG UNIVERSITY PRESS

图书在版编目(CIP)数据

红心向党 逐梦"三航":发展对象培训教程 / 王
玉玲,王一宁,张丽主编. -- 西安:西安交通大学出版
社,2024.6. -- ISBN 978-7-5693-3867-6

Ⅰ. D261.42

中国国家版本馆 CIP 数据核字第 2024M83N81 号

书　　名	红心向党 逐梦"三航"——发展对象培训教程
主　　编	王玉玲　王一宁　张　丽
策划编辑	雒海宁
责任编辑	雒海宁
责任校对	李逢国
责任印制	程文卫
封面设计	任加盟

出版发行	西安交通大学出版社
	（西安市兴庆南路 1 号　邮政编码 710048）
网　　址	http://www.xjtupress.com
电　　话	(029)82668357　82667874(市场营销中心)
	(029)82668315(总编办)
传　　真	(029)82668280
印　　刷	西安五星印刷有限公司

开　　本	787 mm×1092 mm　　1/16　　**印张** 11.75　　**字数** 200 千字
版次印次	2024 年 6 月第 1 版　　2024 年 6 月第 1 次印刷
书　　号	ISBN 978-7-5693-3867-6
定　　价	59.00 元

如发现印装质量问题,请与本社市场营销中心联系。
订购热线:(029)82665248　(029)82667874
投稿热线:(029)82664840
读者信箱:363342078@qq.com

前言

党的二十大报告指出，要注重从青年和产业工人、农民、知识分子中发展党员。高质量做好发展大学生党员工作，是党建设新的伟大工程中的一项基础性工程。做好大学生发展对象培训工作，是发展大学生党员工作中的一项重要任务。

本教材分为七章，主要包括确定发展对象是发展党员工作中的重要环节、学习党的指导思想、实现中华民族伟大复兴的中国梦、全面学习领会党章、严肃党内政治生活、坚持全面从严治党、加强对发展对象的培养考察等。本教材帮助广大发展对象更加深入地学习、理解党的性质、宗旨和任务，坚定拥护"两个确立"，坚决做到"两个维护"，为全面建设社会主义现代化国家、全面推进中华民族伟大复兴而贡献青春力量。

在编写过程中，本教材充分考虑了新时代大学生发展对象的特点和需求，以简洁明了的语言、生动形象的故事、丰富多样的形式，系统阐述了大学生发展对象培养教育的各方面知识。为了丰富课堂教学，提高大家的学习兴趣与学习效率，本书设置了"理论学习角""知识空间站""故事运输机"等版块内容。"理论学习角"是对重要理论的原文学习；"知识空间站"是对本书中相应知识点的补充和说明，使读者知识面更广、更系统；"故事运输机"主要讲述了模范党员的先进事迹，让大学生发展对象能够有所对照和参考。本教材适用于高校基层党组织针对党员发展对象进行短期集中培训。

谨向参与本教材编写、审稿、校对的专家学者和工作人员致以崇高的敬意和衷心的感谢！书中难免有疏漏或不妥之处，敬请广大读者朋友提出宝贵意见，以便我们在今后的工作中不断完善与提高。

编　者
2024 年 3 月

目录

第一章

明确流程 端正动机

——确定发展对象是发展党员工作中的重要环节

习近平总书记在庆祝中国共产主义青年团成立 100 周年大会上指出，在实现中华民族伟大复兴的征程上，中国共产党是先锋队，共青团是突击队，少先队是预备队。入队、入团、入党，是青年追求政治进步的"人生三部曲"。中国共产党始终向青年敞开大门，热情欢迎青年源源不断成为党的新鲜血液。

第一节　发展对象的条件及确定

理论学习角

新时代中国青年要树立对马克思主义的信仰、对中国特色社会主义的信念、对中华民族伟大复兴中国梦的信心,到人民群众中去,到新时代新天地中去,让理想信念在创业奋斗中升华,让青春在创新创造中闪光!

——习近平在纪念五四运动100周年大会上的讲话

一、发展对象需要具备的条件

发展对象是入党积极分子中的优秀者,党员队伍的后备军。确定发展对象,是发展党员工作中的重要环节。《中国共产党发展党员工作细则》(以下简称《细则》)的第十三条指出,对经过一年以上培养教育和考察、基本具备党员条件的入党积极分子,在听取党小组、培养联系人、党员和群众意见的基础上,支部委员会讨论同意并报上级党委备案后,可列为发展对象。

确定入党积极分子为发展对象,一般必须具备以下条件。

(1)必须经过党组织一年以上的培养、教育和考察。

(2)必须完成规定的培训教育内容,并取得培训结业证书。《细则》第十条规定,党组织应当采取吸收入党积极分子听党课、参加党内有关活动,给他们分配一定的社会工作以及集中培训等方法,对入党积极分子进行马克思列宁主义、毛泽东思想和中国特色社会主义理论体系教育,党的路线、方针、政策和党的基本知识教育,党的历史和优良传统、作风教育以及社会主义核心价值观教育,使他们懂得党的性质、纲领、宗旨、组织原则和纪律,懂得党员的义务和权利,帮助他们端正入党动机,确立为共产主义事业奋斗终身的信念。

(3)必须符合《中国共产党章程》(以下简称党章)规定的党员条件："中国共产党党员是中国工人阶级的有共产主义觉悟的先锋战士。中国共产党党员必须全心全意为人民服务,不惜牺牲个人的一切,为实现共产主义奋斗终身。中国共产党党员永远是劳动人民的普通一员。除了法律和政策规定范围内的个人利益和工作职权以外,所有共产党员都不得谋求任何私利和特权。"①对先进性不明显、群众威信不高、达不到党员标准的,不能确定为发展对象。

简单来说,发展对象就是近期党组织准备发展的、基本具备党员条件的同志。入党积极分子是确定为发展对象的先决条件。

二、发展对象确定的程序

《细则》的第十三条指出,对经过一年以上培养教育和考察、基本具备党员条件的入党积极分子,在听取党小组、培养联系人、党员和群众意见的基础上,支部委员会讨论同意并报上级党委备案后,可列为发展对象。

确定入党积极分子为发展对象后,党组织对他们的培养、考察、教育工作并没有结束。发展对象对自己的要求不能放松,要积极参加党组织的有关活动,积极投身社会实践,经常向党组织汇报自己的思想、工作、学习情况,用党员的标准更严格地要求自己。同时,还要接受党组织开展的政治审查,积极参加入党前的短期集中培训,时间一般不少于 3 天(或不少于 24 个学时),主要学习党章、《关于党内政治生活的若干准则》等文件,进一步提高对党的认识,坚定共产主义理想和社会主义信念。

确定入党积极分子为发展对象,一般有以下程序:党支部详细听取党小组、培养联系人、党员和群众等方面的意见;支部委员会进行讨论研究,确定拟发展对象;党支部将各方面的情况综合后,报上级党委备案。具体内容如下。

(一)党支部详细听取党小组、培养联系人、党员和群众的意见

培养联系人肩负着对入党积极分子直接培养教育的任务,与入党积极分子接触时间较长,最了解入党积极分子的思想、工作、学习等情况。党小组是与入党积极分子接触最近的党组织,党员和群众在日常工作和生活中与入党积极分子接触最多,对入党积极分子的情况了解得最全面具体。因此,通过听

---

① 中国共产党章程[M].北京:人民出版社,2022.

取党小组、培养联系人、党员和群众的意见,有助于党组织更准确地掌握入党积极分子的情况,看其是否符合党员条件,切实保证新发展党员的质量。在听取党内外群众意见时,应注意把握好以下几方面的问题。

(1)个别谈话要提前做好准备,谈话内容和轻重缓急做到心中有数,注意谈话的方式和艺术,使谈话对象有话愿讲,真实地反映情况。

(2)开展谈话,首先要选好参加会议的人员,需要尽可能邀请熟悉入党积极分子各方面表现情况的同志。其次,让谈话对象知道要谈什么。最后,谈话过程中一定要做好引导,让参会者将话题聚焦到主题上。

(3)民意测验时设问的项目力求具体,不能含糊,避免似是而非。最后总结出来的结果要注意保密。

(4)公示时机要选好,范围要适当,方式要简便易行。对公示中反映的问题,以及群众举报的问题,要及时研究、及时处理。

(二)支部委员会讨论确定

支部委员会(不设支部委员会的由支部大会)综合各方面意见后充分讨论研究,确定发展对象人选。

(三)报上级党委备案

党支部要将确定的发展对象人选的基本情况、听取各方面意见的情况、支部委员会或支部大会讨论情况等报上级党委备案。将发展对象人选报上级党委备案是前移审查关口、保证发展党员质量的重要措施。在报上级党委备案时应注意以下几个方面。

(1)党支部要将发展对象人选的基本情况、听取各方面意见的情况、支部委员会或支部大会讨论情况等一并报上级党委备案。党总支应对党支部确定的发展对象人选进行审议。

(2)上级党委接到党支部报送的发展对象人选有关材料后,应进行认真审查,并研究提出意见。审查时,主要看上报的发展对象人选是否具备条件、手续是否完备。需要注意的是,发展对象人选只有报上级党委备案同意后,方可列为发展对象,上级党委备案同意的时间即为确定发展对象的时间。党委的备案意见一般应书面通知党支部。

(3)如党委备案意见与党支部意见不一致,党支部必须坚决执行党委的决定,做好有关人员的思想工作,并及时在支部大会上宣布党委的备案意见。

发展对象的确定程序中有两个环节需要强调。入党积极分子被确定为发展对象至少要有一年的培训和考察时间，但这并不是说超过一年就一定要发展到党内。入党申请人被确定为入党积极分子后，要接受党组织的教育，学习党的理论，了解党的性质、宗旨、指导思想、纲领和重大方针政策、党员权利和义务等，同时还要接受党组织的培养和考察，一年的时间对一些入党积极分子来说，完全具备党员条件还不够。确定入党积极分子为发展对象之所以要建立在听取党支部、培养联系人、党员和群众意见的基础上，是因为党组织目前对入党积极分子培养教育的主要工作由党支部和培养联系人共同承担，党支部和培养联系人最了解入党积极分子的政治思想、现实表现等情况。另外，我们党的性质和宗旨，决定了我们的党员一定要密切联系党内外群众，一定要在学习、工作和生活中起到先锋模范作用。入党积极分子周围的党员和群众对他们的思想状态和现实表现比较了解。因此，入党积极分子能否确定为发展对象，需要听取党员和群众的意见，不能直接由某一级党组织或某一个人决定。

三、确定发展对象的注意事项

确定发展对象，是发展党员工作中的重要环节，入党积极分子一旦被确定为发展对象，很快就可以进入发展程序，确定发展对象应注意以下事项。

（一）要坚持党章规定的党员标准

要全面衡量党章规定的党员条件，看入党积极分子是否基本具备党员条件。要对照党章规定的党员标准逐一分析，不能以偏概全，更不能片面地以学习成绩、工作业绩来代替党员标准。

（二）要严格程序

《细则》对确定发展对象提出了明确要求，必须严格按照规定程序办理。要认真听取培养联系人、党员和群众的意见，党小组要充分讨论研究，负责任地提出意见，党委会要在综合各方面意见的基础上讨论通过，并报上级党委备案。要按照规定程序认真办理，确保已确定的发展对象不出任何问题。

（三）要与时俱进，勇于创新

不断出现的新情况、新问题光靠已有的政策和规定很难解决好。这就要求基层党组织要勇于创新，大胆探索，在不违背党章和有关政策规定的前提下，不断找出符合新形势发展要求的措施和办法，解决新情况、新问题。在实际工作中，不少基层党组织在发展党员工作中大胆探索，在确定发展对象时，实行了公示制、票决制、责任追究制等方式。

（四）严格把关和监督

上级党委要严把发展党员"入口关"，对党支部上报的发展对象人选进行认真审核，研究提出备案建议。推行发展对象公示制度，自觉接受党员群众监督。

知识空间站

申请人、积极分子、发展对象之间有哪些联系和区别①？

入党申请人、入党积极分子、发展对象是发展党员工作中具有特定含义的三个概念。三者之间既有联系又有区别。对于要求入党的同志来说，这三者是其入党前逐步具备党员条件的不同阶段；对于党组织来说，是衡量要求入党的人培养成熟程度的标志。

从发展党员工作过程来看，凡符合党章第一条规定，向党组织正式提出入党申请的人（一般应书面申请），均称作"入党申请人"。经党员推荐、群团组织推优等方式产生人选，由支部委员会（不设支部委员会的由支部大会）研究决定，可确定为"入党积极分子"。党支部要将入党积极分子报上级党委备案，对他们一般应指定培养联系人，并有具体的培养教育计划和措施。对经过一年以上培养教育和考察，基本具备党员条件的入党积极分子，在听取党小组、培

---

① 申请人、积极分子、发展对象之间有哪些联系和区别？［EB/OL］.（2016 – 07 – 25）［2024 – 05 – 01］. https://fuwu. 12371. cn/2016/07/25/ARTI1469409120198359. shtml.

养联系人、党员和群众意见的基础上，经支部委员会讨论同意并报上级党委备案后，对其中准备近期发展的，列为"发展对象"。

康继昌：两次创造"中国第一"的科学家[①]

29岁，作为我国第一台机载军用计算机样机的设计和研制者，他创造了"中国第一"。

44岁，他研制出我国第一台机载火控计算机，又一次创造了"中国第一"。

52岁，他创建了西北工业大学计算机科学与工程系，担任第一任系主任，成为第一位博士生导师，使得西北工业大学计算机学科后来居上，获得全国首批硕士点，成为西部地区第一个博士点和第一个国家重点学科。

耄耋之年，其研究又取得重大突破，在基因算法上创造了又一个奇迹……

他就是康继昌，我国成功研制军用机载计算机第一人，西北工业大学计算机学科奠基人。

1930年，康继昌出生于上海市一个书香之家，其父辈四人皆出国留学，其父是著名的土木工程专家。1947年，康继昌考入交通大学。1949年，康继昌在大学期间加入了中国共产党，成为一名地下党员，参加了一系列学生运动，在上海奉命为解放军实地绘制了上海市（徐汇郊区）地图，获得了"建国功臣"纪念章。1951年，大学一毕业，血气方刚的康继昌便义无反顾地加入"抗美援朝保家卫国"的行列。

"近代以来，中国人民遭受的苦难太深重了，因此，凡是真正的炎黄子孙，对于国家的独立、主权和领土完整都怀有强烈的感情。正是饱受帝国主义的侵略形成了我炽热的爱国情怀。我一生经历了不少磨难，但能安然度过并与计算机结了缘，这是我人生最大的幸运。"康继昌的心声表达了他的志向。

1953年1月，应国家建设的需要，康继昌奉命从部队调到中国人民解放军

---

①康继昌：两次创造"中国第一"的科学家[EB/OL].（2023-11-09）[2024-03-02]. https://news.nwpu.edu.cn/info/1360/108299.htm. 有改动。

军事工程学院,即"哈军工",同年3月成为空军工程系第一个副博士①研究生。"是党的培养才使我进入了科学的殿堂,"康继昌深情地说,"科学无国界,但科学家有祖国,祖国的需要就是一个科学家的研究动力和兴趣所在。"

"哈军工"是国家巨大的国防科技人才宝库,当年拥有七八十位苏联专家,他们帮助中国培养高级军事人才。两位苏联导师把康继昌带进计算机领域,从此,康继昌便与计算机结了一辈子的缘分。20世纪50年代,风华正茂的康继昌以敏锐的眼光看到了数字机的巨大潜能,1957年,在苏联专家指导下攻读副博士学位时,他便开始机载数字计算机的课题研究。1958年,中央正式批准"哈军工"试制"东风-113"(国防建设重点科研项目),康继昌被授命担任"东风-113"机载计算机研制组组长,经过一年多的奋战,成功研制出该机的原理样机。作为当年中国第一台机载军用计算机样机的设计者和研制者,他第一次创造了"中国第一"。康继昌以自己的开拓和创新精神研制出了贴有中国标签的机载计算机,以自己的智慧和魄力诠释了与时俱进的航空精神。

1970年,哈尔滨工程学院航空工程系(原"哈军工"空军工程系)并入西北工业大学,令西北工业大学航空系如虎添翼,"哈军工"众多的计算机精英人才也为西北工业大学计算机事业增添了一支劲旅。康继昌便是从"哈军工"走进西北工业大学的首屈一指的计算机专家。

1974年,康继昌主持并成功研制出机载数字式射击瞄准计算机,通过国务院航空军工产品定型委员会鉴定,成为我国第一台机载火控计算机被载入航空史册。在西北工业大学,康继昌第二次创造了"中国第一"。1982年,康继昌高瞻远瞩,创建了西北工业大学计算机科学与工程系,并担任第一任系主任、第一位博士生导师。在他的带领下,本科教学、研究生培养和学科前沿技术研究齐头并进,西北工业大学计算机学科实现了跨越式发展,获批全国首批硕士点、西部地区第一个博士点。

"搞科研和教学是我平生两大乐事。我的思想都可以贡献给学生,我的研究都可以为学生开路。"康继昌说。

任世事变幻、沧海桑田,康继昌对科学的探索从未止步。离休不离岗,直至逝世前,他一直坚守在科研岗位上,在西北工业大学计算机应用学科博士点、计算机科学与技术一级学科、国家重点学科的获批和建设中起到重要作用。十几年前,西北工业大学计算机系就已进入"国家队",计算机学科成为西

---

①副博士,苏联学位的叫法。

部地区的"领头羊"。

值得一提的是,以戴冠中(康继昌弟子)为首的计算机控制团队成功申请到博士点。于是西北工业大学计算机系一个系就拥有两个博士点。教书更育人,桃李满天下。在康继昌培养出的百余名博士和硕士研究生中,有的已成为中外大学的校长、副校长、知名教授、博导;有的成为国内大型研究所的所长、总工程师,航空电子系统的领军者;有的成为中外大公司的总裁、副总裁等。

康继昌先后获得"全国优秀教师""全国优秀归侨、侨眷知识分子""航空航天部先进生产者"等荣誉称号。2016年,康继昌教授获得中国计算机事业60年杰出贡献特别奖。

作为开拓中国计算机学科的第一代科学家和教育家,康继昌把一生都奉献给了计算机事业,为我国计算机科学与技术的发展作出了突出贡献。

第二节　从入党积极分子到发展对象是光荣的转变

理论 学习角

当代中国青年是与新时代同向同行、共同前进的一代，生逢盛世，肩负重任。广大青年要爱国爱民，从党史学习中激发信仰、获得启发、汲取力量，不断坚定"四个自信"，不断增强做中国人的志气、骨气、底气，树立为祖国为人民永久奋斗、赤诚奉献的坚定理想。

——2021 年 4 月 19 日习近平在清华大学考察时的讲话

一、入党积极分子的进一步提升就是发展对象

入党积极分子与发展对象是入党前逐步具备党员条件的两个不同阶段。入党申请人在递交入党申请书后，经党员推荐或群团组织推优，支部委员会（不设支部委员会的由支部大会）研究决定，可确定为"入党积极分子"。党支部要将入党积极分子报上级党委备案，给他们指定培养联系人，并制订培养教育计划和措施。对经过一年以上培养教育和考察，基本具备党员条件的入党积极分子，在听取党小组、培养联系人、党员和群众意见的基础上，支部委员会讨论同意并报上级党委备案后，可列为发展对象。入党积极分子与发展对象的培养，在总的目的上是一致的。

发展对象阶段是一个过渡阶段，即入党积极分子考察期满，支部委员会认定可以发展，但还没有提交支部大会表决通过的这一段时间。其时间长短没有具体规定，但一般不会很长。在这段时间内，党支部要做好规定的一系列工作，为支部大会表决做好充分准备。对发展对象进行入党前的短期集中培训，与入党积极分子较为灵活多样的教育形式和方法不同，要由基层党委或县级

党委组织部门组织。

入党积极分子被列为发展对象后,要严格按照党组织提出的要求,更加积极主动承担党组织分配的社会工作,进一步在实践中锻炼自我、完善自我,时刻以党员的标准自觉地严格规范自己的言行。发展对象相比积极分子,应该在思想上更加成熟稳重,在综合素质上更加优秀突出,在工作、学习、生活中能够起到表率带头作用。

二、发展对象应做好充分的入党准备

发展对象要进一步端正入党动机,严格履行党章规定的入党程序,自觉接受党组织的培养教育和考验,时时处处以共产党员的标准要求自己。

(一)端正入党动机是争取入党的首要问题

1. 端正入党动机是起点

入党动机是个体在政治立场、政治态度和政治信念等内在追求,或利益诱惑、资源获取等外在因素的影响下而产生的想加入中国共产党的想法和念头,是一种在内外因素综合作用下的思想动力。

正确的入党动机非常重要,对要求入党的青年大学生来说,只有树立正确的入党动机,才能有经久不衰的精神动力。要把对共产主义事业的忠诚同贯彻执行党的路线方针政策统一起来,在全面建设社会主义现代化强国中建功立业,才能在工作、生活等各个方面,时时严格要求自己,处处起到先锋模范作用,才能努力摆正党和人民的利益同个人利益的关系,逐步树立甘愿"吃亏"、不怕"吃苦"、为人民无私奉献的价值观。在现实生活中,要求入党者的入党动机往往存在差异。有的是在日积月累中接受中国共产党先进思想的熏陶,感受革命先辈的热血和激情,自然而然地对共产主义和中国共产党怀有崇高的信仰,为实现共产主义而要求入党;有的则认为自己入了党,很光荣有面子;有的是看到身边一些同志递交了入党申请书,随大流地要求入党;有的是想利用"党员"身份为以后的工作"铺路",以为自己加入了党组织就容易得到提拔重用,或者对大学毕业后找工作有帮助。在上述各种入党动机中,只有为了献身共产主义事业,更好地为人民服务而要求入党,才是唯一正确的入党动机。

要求入党的青年学生只有树立了正确的入党动机,符合党章规定的党员条件,入党后才能发挥共产党员先锋模范作用,从而保证党的先进性和纯洁性。端正入党动机是对申请入党的同志的最基本要求。考察入党动机和帮助要求入党的同志端正入党动机是保证党员质量的一个重要环节和措施。因此,端正入党动机是争取做一名合格党员的起点,是争取入党的首要问题。

2.端正入党动机的主要途径

在不断学习、实践和改造主观世界的过程中,逐步形成正确的入党动机。树立正确的入党动机,要在以下三点上下功夫。

(1)加强理论学习,筑牢思想基础,树立正确的入党动机。要认真学习马克思列宁主义、毛泽东思想、邓小平理论、"三个代表"重要思想、科学发展观、习近平新时代中国特色社会主义思想,自觉在思想上政治上行动上同党中央保持高度一致。

(2)通过实践锻炼,在工作和生活实践中端正入党动机。马克思主义认识论告诉我们,人们的正确认识要经过"实践、认识、再实践、再认识"的过程,并不断循环往复才能获得。这就要求入党的青年大学生必须在实践中不断用切身体验来深化对党的认识,从而进一步端正自己的入党动机。要积极投身于建设中国特色社会主义伟大事业的实践中,来加深对共产主义事业的认识,强化正确的入党动机。

(3)端正入党动机,不是入党前一时的问题,而是一辈子的事情。正如毛泽东同志所指出的:"有许多党员在组织上入了党,思想上并没有完全入党,甚至完全没有入党。这种思想上没有入党的人,头脑里还装着许多剥削阶级的脏东西,根本不知道什么是无产阶级思想,什么是共产主义,什么是党。"①这段论述极为深刻,每个要求入党的同志都应引以为鉴。不论组织上是否入了党,都应做到首先在思想上真正入党;要长期检查自己的入党动机,克服这些错误观念,决不能"入党前拼命干,入党后松一半"。

(二)严格履行党章规定的入党手续,充分做好入党准备

具体而言,党员发展对象应做到以下五点。

1.积极向党组织表达愿望

发展对象要积极主动地向党组织表明入党的强烈愿望。要通过努力工作

---

①毛泽东.毛泽东选集:第三卷[M].北京:人民出版社,1991.

学习,做出成绩,接受党组织对自己的考验。我们党对每一个要求入党的同志,从来不是看一时一事,而是看他的全部历史,看他的全部工作。因此,每一个有入党愿望的年轻人都要积极向党组织靠拢。这样做,既使自己有了具体的奋斗目标,有了前进的动力,又能及时得到党组织的帮助和指导。

2. 主动向党组织汇报自己的思想、学习和工作等情况

发展对象要主动向党组织汇报自己的思想、学习和工作情况,汇报自己对党的路线、方针、政策的认识,使党组织加深对自己的了解,有针对性地进行教育和帮助,有利于更快进步,并在此过程中逐步培养严格的组织观念和忠诚正直的政治品质。在向党组织汇报工作时,要做到忠诚老实,敢于谈自己的缺点和不足,敢于说出自己的真实想法,坦诚相见,不断提高自己的政治觉悟。

3. 积极参加党的活动

发展对象参加哪些党的活动由党组织决定。一般需要参加学习党章、听党课、党日活动、先进党支部或优秀党员表彰会等。发展对象参加党内活动,是一次极好的体验党内生活、接受党内锻炼、学习党的理论的机会,也是一次向优秀党员学习的机会。每一名要求入党的青年大学生,都要按照党组织的安排,积极参与到这些活动中去,接受教育。同时,发展对象还要努力完成党组织交办的各项工作任务。党组织在培养和锻炼申请入党的同志时,都要给其分配一定的社会工作,通过发展对象在工作中的表现,考察其思想觉悟的高低。大学生要抓住这些机会,积极参加义务支教、志愿服务等活动,通过各类社会实践活动接触基层、了解社会、锤炼能力、砥砺品格、拓宽视野。

4. 认真接受党组织的培训

上级党组织通过集中授课、实践锻炼、交流讨论、自学等方式对发展对象开展短期集中培训,主要学习党史、党章、党规等内容。发展对象要珍惜培训机会,进一步加强理论学习,用党的创新理论来武装头脑和指导实践,提高自己的政治素质、业务素质和工作能力。发展对象要注重联系实际,了解党的性质和宗旨,了解党的组织纪律,了解党的路线、方针、政策和决议,了解党员的义务和权利。发展对象要认真践行社会主义核心价值观,树立远大理想,端正入党动机,全面增强党性修养,打牢理论基础,为争取早日加入中国共产党,全心全意为人民服务而努力。

5. 正确对待党组织的考察

发展对象要自觉接受并配合党组织做好考察工作。党组织对发展对象本

人的历史、直系亲属、主要社会关系等情况进行政审时,需听取本人的情况说明。要求入党的青年大学生要忠诚老实地向党组织讲清有关情况,提供能够证明自己的有关材料,主动积极地协助党组织把问题查清楚。考察是为了保持我们党的先进性和纯洁性,切实保证新发展党员的质量。党组织会对发展对象的思想觉悟、政治素质、工作业绩等情况进行一次全面检查,主要考察其是否贯彻执行党的基本路线和各项方针政策,如是否带头投身全面建设社会主义现代化强国,是否带动广大群众为经济发展和社会进步艰苦奋斗,在生产、工作、学习和社会生活中是否起先锋模范作用等情况。同时,党组织还会考察其在重大政治事件的政治表现,考察其历史、家庭主要成员以及与其有密切联系的主要社会关系等。

发展对象要能在一定时间内经受住党组织的考验。由于每个人的状态不同,接受考验的时间长短不一。考验时间的长短是以是否具备入党条件为标准,每个发展对象都要认真接受党组织的考验。

故事 运输机

一生信念　科学救国[①]

郭永怀是我国著名的力学家和应用数学家,空气动力研究开拓者,为我国原子弹、氢弹的研制以及核武器事业的发展作出了不朽的贡献,1999 年以烈士身份被追授"两弹一星"功勋奖章。

1909 年,郭永怀出生于山东省荣成县。他虽家境贫寒,却自幼天资聪颖,勤奋刻苦,以优异的成绩完成中学学业后,考入南开大学预科理工班,后于1933 年考入北京大学物理系学习,得到了顾静薇、饶毓泰、周培源等教授的指导。这不仅奠定了郭永怀扎实的物理学科基础,还让他在心中根植了"科学救国"的信念。1939 年,郭永怀考取了中英庚款留学生,开始了他的留学之路。凭借着强烈的救国理想,以及对于应用数学和空气动力学专业勤学不止的执着精神,郭永怀连续获得了硕士、博士学位。1945 年他进入美国康奈尔大学任

①李鑫.郭永怀:一生信念 科学救国[N].人民日报(海外版).2022-01-14.

教,在其后的 10 年工作期间,攻克了"突破声障"理论堡垒,发展了奇异摄动理论等,被国际学术界称赞。

1949 年新中国成立的消息传到美洲大陆,燃起了郭永怀科技报国的希望,他决定放弃国外优渥的生活,放弃美国知名学府的百般挽留,毅然选择在迈向科研巅峰时回国。为了能够顺利回国,郭永怀甚至亲手烧掉了十多年来呕心沥血撰写的一大批科研资料和讲义文稿。1956 年,在经历了漫长的 6 年等待后,郭永怀一家终于踏上了他梦寐以求的归国之路,搭乘克利夫兰总统号邮轮回到了魂牵梦绕的祖国大地。

回国后,郭永怀便以忘我的精神,全力以赴地投入新中国的科学事业当中。他与钱学森、钱伟长一起在刚成立不久的中国科学院力学研究所工作,通过科研攻关,在高超声速流体力学、电磁流体力学和爆炸力学等领域提出了许多重要的学术思想,引发国际科学界瞩目。1961 年,郭永怀光荣地加入了中国共产党,他说:"作为新中国的一个普通科技工作者,特别是作为一名共产党员,我只是希望自己的祖国早一天强大起来,永远不再受人欺侮。"

1963 年,为加快我国核武器建设,党中央决定在青海新建核武器研制基地。时任中国工程物理研究院副院长的郭永怀,为了研制工作,常年奔波于北京、青海和罗布泊之间,他凭借着对党和国家无比坚定的信念和惊人毅力,与科研人员一起在绝境中固守信念,开辟新路,闯过一道又一道难关。通过反复的理论计算和实验论证,郭永怀提出的特征线法进行爆轰波理论计算以及采用航空中常用的结构形式减轻弹体重量等理论,对我国第一颗原子弹爆炸和第一颗氢弹空投起到了至关重要的作用。

1968 年,郭永怀在完成我国第一颗热核弹头实验前的准备工作后,乘机返京时突遇事故,不幸牺牲。郭永怀在生命的最后一刻,与警卫员紧紧抱在一起,用身体保护了重要技术资料的完整,用生命践行了"随时准备为党和人民牺牲一切"的誓言。1970 年 4 月 24 日,在郭永怀牺牲一年多后,中国第一颗人造卫星发射成功,这承载了郭永怀回国工作 12 年为我国国防科研和建设所付出的心血,也承载了郭永怀等老一辈科学家始终与国家发展同向同行的赤诚爱国之情。

第三节　成为预备党员是发展对象阶段的目标

理论 学习角

未来属于青年，希望寄予青年。一百年前，一群新青年高举马克思主义思想火炬，在风雨如晦的中国苦苦探寻民族复兴的前途。一百年来，在中国共产党的旗帜下，一代代中国青年把青春奋斗融入党和人民事业，成为实现中华民族伟大复兴的先锋力量。新时代的中国青年要以实现中华民族伟大复兴为己任，增强做中国人的志气、骨气、底气，不负时代，不负韶华，不负党和人民的殷切期望！

——习近平在庆祝中国共产党成立100周年大会上的讲话

一、发展对象的进一步提升就是预备党员

衡量发展对象是否符合党员条件，重点看其对党的认识程度、入党的动机、政治觉悟、道德品质、本职工作等方面的表现。具体来说，就是从发展对象的实际行动和实际表现中着重看其是否具有马克思主义信仰、共产主义觉悟和中国特色社会主义信念，积极拥护并认真贯彻执行党的路线、方针、政策；能否自觉践行社会主义核心价值观；能否密切联系群众，自觉地为人民服务；能否正确处理国家、集体、个人三者利益关系，自觉地以个人利益服从于党和人民的利益；是否严格遵守党的纪律和国家的法律法规，在工作、学习和生活中起先锋模范作用。

预备党员与发展对象最大的共同点是他们都具备了党员条件，而最大的不同点是他们处在发展党员的不同阶段。发展对象在党组织的培养教育下，政治理论水平和党性修养都有了很大的提升，入党动机进一步端正，但要发展

成为预备党员,还需要党组织开展进一步考察、政治审查和集中培训等。党组织对入党申请人的培养考察是一个循序渐进的过程,这样才能保证党员队伍的质量,这是对党的事业高度负责的必要举措。

二、发展对象要积极采取行动,争取早日入党

发展对象要以党员的标准自觉严格要求自己,加强党性锻炼,不断完善自我,努力创造入党条件,以行动表明愿望,接受党组织的考验,使自己早日达到党员标准,从而光荣地跨入党组织大门。

(一)始终保持坚定的政治立场与纯洁的政治信仰

"任何时候,都要把具有马克思主义信仰、共产主义觉悟和中国特色社会主义信念,自觉践行社会主义核心价值观,作为衡量一个人政治上是否成熟、能否加入党组织的第一标准。"[①]政治立场事关根本,是党员同志对我们党的性质、宗旨、纲领、指导思想和基本路线的认同态度,是学生党员发展过程中政治标准的基本要求。广大青年要努力学习马列主义、毛泽东思想、邓小平理论、"三个代表"重要思想、科学发展观和习近平新时代中国特色社会主义思想等理论,掌握其中的立场、观点和方法。要始终坚持马克思主义政治立场,自觉抵制社会思潮和腐朽思想的侵蚀,在党言党、在党爱党、在党为党,在各种社会诱惑面前、大是大非面前始终保持政治立场的坚定。纯洁的政治信念是发展党员的永生动力,也是经受考验的精神支柱。"行动上入党一生一次,思想上入党一生一世。"政治信仰并非虚无,应该说政治信仰所代表的,是具有马克思主义信仰、共产主义觉悟和中国特色社会主义信念,也是新时代背景下对中国特色社会主义事业和中华民族伟大复兴中国梦的坚定信心。

(二)努力养成过硬的政治素养与练就扎实的理论功底

青年学生党员是党的新生力量,是建设社会主义现代化强国、实现中华民族伟大复兴的未来中坚力量,塑造青年学生党员过硬政治素养具有很强的现实意义。政治素养是一种通过长期修炼和熏陶而形成的内在涵养。对于发展党员来说,政治素养是考察党员的重要标准,原因就在于只有具备过硬政治素

---

①人民日报评论员.把好入口关,质量是发展党员的生命线[N].人民日报,2014-06-11(06).

养的人,才能体现其对自身发展要求的严格性,才能体现其对未来政治发展的规划性,才能体现其严守政治底线的纪律性,这也是遵照党章发展的重要体现。锤炼政治素养要严守党规党纪,对党无限忠诚,要不断强化政治意识,要在思想上同党中央保持高度一致,确保我们正确的前进方向。理论学习是我们党永葆生机与活力、政治上清醒的重要保证。发展对象要积极参加党的教育活动和培训,练就扎实的理论功底,把政治理论学习作为终身追求,把政治理论学习贯穿于党员发展的全过程,在学习中增长力量,提高政治能力。练就扎实的理论功底,要研读经典的马克思主义著作,深刻理解思想价值,运用马克思主义的基本方法分析问题。练就扎实的理论功底,要理论联系实际,用理论指导实践,用实践检验真理和发展真理,学用结合,找到化解现实问题的方法和"钥匙"。

(三)坚持内化社会主义核心价值观与外化先锋模范作用

新时期社会主义核心价值观,继承了中华优秀传统文化的精髓,弘扬了中华民族优秀传统美德,承载了中华儿女上下求索的理想信念和美好愿景。社会主义核心价值观具有增强政治认同的引领作用,因此要把社会主义核心价值观内化于心,融入大学生的精神世界,作为积极的理想信念和向往追求。先锋模范作用的发挥,是对发展党员的外在要求,也是保持共产党员先进性的集中体现。关键时刻冲得上去、危难关头豁得出来,才是真正的共产党人。党员政治上过不过硬,关键时刻看行动、看表率,党员要以实际行动诠释心中的信仰,将内化的精神价值外化到实践中来,实现知信行的高度统一。在社会实践中践行党的宗旨,在志愿服务中永葆共产党员的初心,在争先创优中发挥学生党员的先锋模范作用,实现思想上入党与行动上入党的统一。

(四)努力提升能力素质与加强现实表现

较强的学习能力和全面的综合素质是衡量发展对象先进与否的重要标准。发展对象应该有较强的学习能力,作风优良,成绩优秀;有良好的学习习惯,主动帮助其他同学;学习态度积极,有较强的钻研精神;能协调处理学习与社会实践等关系,能积极参加第二课堂和学科竞赛等实践活动;主动参加志愿活动,热心服务身边群众;注重团队协作,具有较强的集体观念和较好的群众基础。

现实表现是考核一名发展对象是否合格的依据,在一定程度上能够真实地反映大学生的本质特征。一名合格的发展对象,应该处处争做模范,时时懂得谦让,事事敢于担当。要模范遵守国家法律和学校、院系各项规章制度,无违纪违规现象发生;无不良学风,无考试违纪等行为;无不良嗜好,不沉迷网络游戏等。

党的十八大以来,改革开放和社会主义现代化建设取得历史性成就,中国特色社会主义进入新时代。我国在全面建成小康社会,实现第一个百年奋斗目标之后,开启了全面建设社会主义现代化国家的新征程。每一名发展对象都要认清自己肩负的历史使命,要把青春奋斗融入党和人民事业中,努力淬炼成为实现中华民族伟大复兴的先锋力量。

故事 运输机

走进古田会议纪念馆 一起感受他们的初心
——严格入党条件①

历史,总是在一些特殊年份给人们以汲取智慧、继续前行的力量。90多年前召开的古田会议,探索出思想建党、政治建军的光辉道路。

土地革命时期,党为了壮大队伍,从农民和其他小资产阶级革命分子中大量吸收党员。纪念馆保存的一张红军入党志愿表上详细地列出了姓名、年龄、籍贯、家庭经济地位、本人职业、是否加入过一些革命组织、犯过何种错误受过何种处罚、有何不良嗜好、介绍人姓名等条目,每一项都须如实填写。通过这张志愿表,我们可以知晓,当年这位想要入党的战士名叫黄玉兰,23岁,湖南人,曾以捕鱼、种田、做手工为业,在"为什么要加入党、入党应该怎样"一栏中填写的是:"受了土豪劣绅压迫,该做群众工作扩大红军。"

质量是发展党员的生命线,为抓好党员队伍建设,古田会议强调要严格入党条件,以战斗兵为主要发展对象,积极吸收有较高阶级觉悟的工农分子入

---

① 刘芳源,王平,叶勇明,等.博物馆时光:走进古田会议纪念馆 一起感受他们的初心[EB/OL].(2019-06-28)[2024-05-21].https://www.ccdi.gov.cn/toutiaon/201906/t20190628_95451.html.有改动。

党,并明确规定了入党的五个具体条件:"①政治观念没错误;②忠实;③有牺牲精神,能积极工作;④没有发洋财的观念;⑤不吃鸦片,不赌博。"

90多年前红军举行入党入团宣誓时所用的旗帜上面的"CCP"代表中国共产党,"CCY"代表中国共产主义青年团。毛泽东、朱德等红四军领导人要求参加党组织的每名党员必须做到:严守秘密,服从纪律,牺牲个人,阶级斗争,努力革命,永不叛党。这些要求被写在了这面旗帜上。

第二章 学思践悟 凝聚力量

——学习党的指导思想

习近平总书记 2020 年在给复旦大学青年师生党员的回信中指出，希望广大党员特别是青年党员认真学习马克思主义理论，结合学习党史、新中国史、改革开放史、社会主义发展史，在学思践悟中坚定理想信念，在奋发有为中践行初心使命，努力为实现"两个一百年"奋斗目标、实现中华民族伟大复兴的中国梦贡献智慧和力量。

第一节　一脉相承和与时俱进的党的指导思想

理论学习角

　　一百年来,我们党坚持解放思想和实事求是相统一、培元固本和守正创新相统一,不断开辟马克思主义新境界,产生了毛泽东思想、邓小平理论、"三个代表"重要思想、科学发展观,产生了新时代中国特色社会主义思想,为党和人民事业发展提供了科学理论指导。我们党的历史,就是一部不断推进马克思主义中国化的历史,就是一部不断推进理论创新、进行理论创造的历史。

　　要教育引导全党从党的非凡历程中领会马克思主义是如何深刻改变中国、改变世界的,感悟马克思主义的真理力量和实践力量,深化对中国化马克思主义既一脉相承又与时俱进的理论品质的认识,特别是要结合党的十八大以来党和国家事业取得历史性成就、发生历史性变革的进程,深刻学习领会新时代党的创新理论,坚持不懈用党的创新理论最新成果武装头脑、指导实践、推动工作。

　　　　——2021年2月20日习近平在党史学习教育动员大会上的讲话

　　党的指导思想是指导我们开展各项工作的行动指南,是党具有生命力和创造力的灵魂和根本。党在指导思想上的与时俱进是党前进的先导。我们党自诞生之日起,就将马克思列宁主义确立为自己的指导思想,并根据中国的具体实际和时代条件的变化,使之同中国革命、建设、改革的任务紧密结合起来。民主革命和社会主义建设初期,产生了毛泽东思想;改革开放后,创立和形成了包括邓小平理论、"三个代表"重要思想、科学发展观在内的中国特色社会主义理论体系。党的十八大后,形成了以习近平同志为核心的党中央治国理政新理念新思想新战略。党的十九大确立习近平新时代中国特色社会主义思想为党的指导思想。党的二十大把党的十九大以来习近平新时代中国特色社会主义思想新发展写入党章。历史经验表明，党的指导思想的每一次与时俱进，都极大地推进了党的事业发展。坚定不移地贯彻党的指导思想，开拓创新，不断前进，将有力地保证我们党始终站在时代潮流的前头，永葆生机和活力，团结和带领全国各族人民，加快推进社会主义现代化，实现中华民族伟大复兴的中国梦。

一、中国共产党成立之初确立马克思列宁主义为党的指导思想

辛亥革命以后，中国没有摆脱半殖民地半封建社会的命运，中国人民依然过着水深火热的生活。1917年，俄国十月革命胜利的消息传入中国，使寻求救国救民真理的中国人大受鼓舞。更多的人开始抛弃资产阶级民主主义，努力接受社会主义学说而成为先进的共产主义者，被大量翻译出来的马克思、列宁的著作和介绍马克思、列宁思想的文章，势不可遏地涌入新文化阵地。李大钊、陈独秀、瞿秋白等共产党人用马克思主义唯物史观剖析中国社会，推动新文化运动朝着政治制度变革的方向不断深入，并最终促成了五四运动的爆发，震动了世界。

五四运动以后，工人阶级作为一支新兴的革命力量登上了政治舞台，显示了中国工人阶级的雄厚实力。共产党人纷纷走到人民群众中，把马克思主义的思想观点用通俗易懂的语言转化为人民群众易于接受的道理。他们通过协助工人建立现代工会、组织工人自办刊物、举办工人文化补习班等形式，揭露中国社会的黑暗现状，反映中国工人的悲惨生活，帮助劳动人民寻找苦难的阶级根源，寻找如何根除阶级压迫的方法。在用马克思主义指导工人运动的过程中，一大批共产党人萌发了建党意识，具有政党性质的共产主义小组在各地相继产生。1921年7月，来自全国各地的共产党员先进代表齐集上海召开了中国共产党第一次全国代表大会，宣告中国共产党成立。

二、党的七大确立毛泽东思想为党的指导思想

七大党章指出，中国共产党以马克思列宁主义的理论与中国革命的实践统一的思想——毛泽东思想作为自己一切工作的指针，反对任何教条主义的或经验主义的偏向。

探索中国革命的正确道路，寻求民族独立和人民解放，并为建设一个繁荣富强的新中国准备条件，是民主革命过程中解放生产力、发展先进文化、实现人民利益要求的主要表现形式。围绕这些问题，以毛泽东同志为代表的中国共产党人经过长期的革命实践探索，提出了马列主义同中国革命实际相结合的原则，找到了一条正确的革命道路，形成中国化的马克思主义——毛泽东思想，并在1945年党的七大上被正式确立为党的指导思想。毛泽东思想是马克思列宁主义在中国的创造性运用和发展，是关于中国革命和建设的理论原则和被实践证明了的经验总结，是第一次历史性飞跃的马克思主义中国化。这种发展和创新的伟大贡献在于，它使中国共产党人找到了一条与俄国十月革命不同的革命道路，且与中国国情相适应。通过这条革命道路，中国共产党带领中国人民取得新民主主义革命的胜利。它使中国共产党从一个年轻的政党发展成为一个更加坚强有力的成熟政党，从而成为国家独立和人民解放事业的坚强领导核心。

三、党的十五大确立邓小平理论为党的指导思想

十五大党章指出，中国共产党以马克思列宁主义、毛泽东思想、邓小平理论作为自己的行动指南。

党的十一届三中全会以后，以邓小平同志为主要代表的中国共产党人，团结带领全党全国各族人民，深刻总结新中国成立以来正反两方面经验，围绕什么是社会主义、怎样建设社会主义这一根本问题，借鉴世界社会主义历史经验，创立了邓小平理论，解放思想，实事求是，作出把党和国家工作中心转移到经济建设上来、实行改革开放的历史性决策，深刻揭示社会主义本质，确立社会主义初级阶段基本路线，明确提出走自己的路、建设中国特色社会主义，科学回答了建设中国特色社会主义的一系列基本问题，制定了到二十一世纪中叶分三步走、基本实现社会主义现代化的发展战略，成功开创了中国特色社会主义，创造了改革开放和社会主义现代化建设的伟大成就。

四、党的十六大确立"三个代表"重要思想为党的指导思想

十六大党章指出，中国共产党以马克思列宁主义、毛泽东思想、邓小平理论和"三个代表"重要思想作为自己的行动指南。

党的十三届四中全会以后，以江泽民同志为主要代表的中国共产党人，团结带领全党全国各族人民，坚持党的基本理论、基本路线，加深了对什么是社会主义、怎样建设社会主义和建设什么样的党、怎样建设党的认识，形成了"三个代表"重要思想，在国内外形势十分复杂、世界社会主义出现严重曲折的严峻考验面前捍卫了中国特色社会主义，确立了社会主义市场经济体制的改革目标和基本框架，确立了社会主义初级阶段以公有制为主体、多种所有制经济共同发展的基本经济制度和以按劳分配为主体、多种分配方式并存的分配制度，开创全面改革开放新局面，推进党的建设新的伟大工程，成功把中国特色社会主义推向二十一世纪。党的十六大将"三个代表"重要思想写入党章，列为党的指导思想。解决任何新的时代课题，必须以马克思主义的理论勇气，总结实践的新经验，借鉴当代人类文明的有益成果，在理论上不断扩展新视野，作出新概括。"三个代表"重要思想正是回答新的时代课题的产物，是党的指导思想与时俱进的新的伟大成果。始终做到"三个代表"，是我们党的立党之本、执政之基、力量之源。

五、党的十八大确立科学发展观为党的指导思想

十八大党章指出，中国共产党以马克思列宁主义、毛泽东思想、邓小平理论、"三个代表"重要思想和科学发展观作为自己的行动指南。

党的十六大以后，以胡锦涛同志为主要代表的中国共产党人，团结带领全党全国各族人民，在全面建设小康社会进程中推进实践创新、理论创新、制度创新，深刻认识和回答了新形势下实现什么样的发展、怎样发展等重大问题，形成了科学发展观。抓住重要战略机遇期，聚精会神搞建设，一心一意谋发展，强调坚持以人为本、全面协调可持续发展，着力保障和改善民生，促进社会公平正义，推进党的执政能力建设和先进性建设，成功在新形势下坚持和发展了中国特色社会主义。党的十七大把科学发展观写入党章，党的十八大把科学发展观确立为党必须长期坚持的指导思想，实现了党的指导思想的又一次与时俱进。科学发展观是指导全面建设小康社会、发展中国特色社会主义的正确理论，是我们经受考验、化危为机、赢得主动的精神支柱。

六、党的十九大确立习近平新时代中国特色社会主义思想为党的指导思想

十九大党章指出,中国共产党以马克思列宁主义、毛泽东思想、邓小平理论、"三个代表"重要思想、科学发展观、习近平新时代中国特色社会主义思想作为自己的行动指南。

党的十八大以来,以习近平同志为主要代表的中国共产党人,坚持把马克思主义基本原理同中国具体实际相结合、同中华优秀传统文化相结合,科学回答了新时代坚持和发展什么样的中国特色社会主义、怎样坚持和发展中国特色社会主义等重大时代课题,创立了习近平新时代中国特色社会主义思想。习近平新时代中国特色社会主义思想是对马克思列宁主义、毛泽东思想、邓小平理论、"三个代表"重要思想、科学发展观的继承和发展,是当代中国马克思主义、二十一世纪马克思主义,是中华文化和中国精神的时代精华,是党和人民实践经验和集体智慧的结晶,是中国特色社会主义理论体系的重要组成部分,是全党全国人民为实现中华民族伟大复兴而奋斗的行动指南,必须长期坚持并不断发展。在习近平新时代中国特色社会主义思想指导下,中国共产党领导全国各族人民,统揽伟大斗争、伟大工程、伟大事业、伟大梦想,推动中国特色社会主义进入了新时代。实现第一个百年奋斗目标,开启了实现第二个百年奋斗目标新征程。

新时代呼唤新理论,新理论引领新实践。在当代中国,坚持马克思列宁主义、毛泽东思想、邓小平理论、"三个代表"重要思想和科学发展观,最重要的就是坚持用习近平新时代中国特色社会主义思想武装头脑、指导实践、推动工作。党的十九大把习近平新时代中国特色社会主义思想确立为我们党必须长期坚持的指导思想,深刻阐明了这一指导思想的精神实质和丰富内涵,并在党章中把习近平新时代中国特色社会主义思想同马克思列宁主义、毛泽东思想、邓小平理论、"三个代表"重要思想、科学发展观一道确立为党的行动指南。这是党的十九大的重要历史贡献,实现了党的指导思想的又一次与时俱进。

时代是思想之母,实践是理论之源。习近平新时代中国特色社会主义思想,把握新方位、聚焦新矛盾、明确新使命、阐明新思想、提出新方略、擘画新蓝图、开启新征程,构建了系统完整的科学理论体系。习近平新时代中国特色社会主义思想,围绕时代之问、聚焦当下实践,以高远的历史站位和宽广的世界

眼光,贯通结合中国革命、建设和改革的历史逻辑、理论逻辑和实践逻辑,总结改革开放以来中国特色社会主义的伟大实践,对新时代坚持和发展中国特色社会主义的一系列重大理论和现实问题作出了深刻阐述和全面回答。

故事 运输机

南陈北李　相约建党①

1920年2月中旬的一个晚上,北京通往天津坎坷不平的土路上,一辆旧式带篷骡车缓缓行进。车里坐着两位乘客。一位约30岁,戴一副金丝边眼镜,一袭皮袍,手提包里装着账本,俨然一个年前外出收账的账房先生。另一位约40岁,长袍外套着一件棉背心,一顶毡帽低低地压在头上,看上去像个土财主。但这两位并不是普通乘客,他们是五四新文化运动以来中国思想界的两个领军人物:李大钊和陈独秀。时人曾这样形容这两位风云人物:北大红楼两巨人,纷传北李与南陈,孤松独秀如椽笔,日月双悬照古今。北李南陈,两大星辰;茫茫黑夜,吾辈仰辰。

这两位思想文化名流此次如此的装扮,是为了掩护陈独秀安全离京。

"思想界的明星"

1919年6月9日,在五四运动高潮阶段,陈独秀起草了《北京市民宣言》,提出包括取消两次对日签约在内的五项要求。宣言表示:"倘政府不顾和平,不完全听从市民之希望,我等学生、商人、劳工、军人等,唯有直接行动,以图根本之改造。"宣言印成传单,群众"读后大声叫好,拍手欢呼",北洋政府却大为恐慌,视之为"扔炸弹",严命警察署迅速捉拿印发传单之人。6月11日晚,陈独秀到新世界游艺场散发传单,刚到新世界,就引起了暗探的注意与跟踪。当晚,陈独秀被警察拘捕,住处也被连夜查抄。

陈独秀被捕的消息在学生界、知识界引起极大震动。6月13日,北京《晨报》最先披露了这一消息。随后,全国各大报纸相继报道评论。各地函电交

---

①邵维正.南陈北李 相约建党[EB/OL].(2021-02-22)[2024-05-21].https://m.thepaper.cn/baijiahao_11416062.有改动。

27

驰，社会团体、学者名流、学生等纷纷行动，他们强烈谴责反动政府的倒行逆施，一致要求政府当局立即释放陈独秀。

《国民日报》指出，当此"人心浮动之时，政府苟有悔祸之诚心，不应对国内最负盛名之新派学者，加以摧残，而惹起不幸之纠葛也"。

《申报》指出，北洋政府"利用黑暗势力，以摧毁学术思想之自由"，已经酿起学潮，如今又逮捕陈独秀，"乃又扬煽其波，激之使动，树欲静而风不止，是诚何心耶？"

毛泽东在《湘江评论》创刊号上发表了《陈独秀之被捕及营救》一文，推崇陈独秀是"思想界的明星"，言："陈君之被逮，决不能损及陈君的毫末，并且是留着大大的一个纪念于新思潮，使他越发光辉远大。"

李达在《民国日报》也发表《陈独秀与新思想》一文，他说："陈先生捕了去，我们对他应该要表两种敬意。一，敬他是一个拼命'鼓吹新思想'的人。二，敬他是一个很'为了主义肯吃苦'的人。""捕去的陈先生，是一个'肉体的'陈先生，并不是'精神的'陈先生，'肉体的'陈先生是可以捕得的，'精神的'陈先生是不可捕得的。"

北京政府原以为逮捕了陈独秀，便可以遏制新思想、新文化的传播，便可以压抑风起云涌的反帝爱国运动，不料，陈独秀虽然失去自由，却得到了更多人的理解、支持和声援，并因此而名声大噪，成为妇孺皆知的新派领袖人物。

同年9月16日，在社会各界的积极营救和强大的舆论压力下，北京当局不得不退让。警察厅同意陈独秀以胃病为由，"准予保释"，但出狱后"仍应按豫戒法第3条4款施以豫戒"，不得擅自离开北京，不得从事政治活动，并由"巡官等随时视察按月呈报""免其再有越轨行为"。五四运动中，在社会各界的援助下，被逮捕的学生被释放返校，与当局的对抗取得胜利。

陈独秀获释出狱后，北大举行了盛大的欢迎会。李大钊兴奋地在《新青年》上发表白话诗《欢迎独秀出狱》：

你今出狱了，我们很欢喜！他们的强权和威力，终究战不胜真理。什么监狱什么死，都不能屈服了你；因为你拥护真理，所以真理拥护你。

…………

你今出狱了，我们很欢喜！有许多的好青年，已经实行了你那句言语："出了研究室便入监狱，出了监狱便入研究室。"他们都入了监狱，监狱便成了研究室；你便久住在监狱里，也不须愁着孤寂没有伴侣。

相约一南一北负责建党

陈独秀在被捕事件后,声誉更隆,社会影响更大了。1920年2月4日,他受邀去武汉讲学,先后作了《社会改造的方法与信仰》《新教育之精神》等专题讲演。在讲演中,他提出"三个打破"的政治主张:"打破阶级的制度,实行平民社会主义""打破继承的制度,实行共同劳动""打破遗产的制度,不使田地归私人传留享用"。武汉报刊和国内其他大报刊均以大字刊登。但湖北官厅极为惊骇惧怕,明令陈独秀停止讲演,速离武汉。陈独秀"愤恨湖北当局者压迫言论之自由",于2月8日傍晚,乘车返回北京。但他哪里知道,在北京,一张捕捉他的大网正在加紧编织之中。

实际上,陈独秀刚离开北京,警探就发现他不知去向。武汉演讲的消息经报道后,北京政府震怒,限期要警察厅交人。警察厅慌作一团,决定在他返京时再将其逮捕囚禁。并不知情的陈独秀回到寓所后,一位警察也进了屋,见陈独秀在家,他大吃一惊:"啊,陈先生,你怎么没跟我们打声招呼就离开北京了啊?"陈独秀忙解释:"一点急事,家里的事情,时间不长,就没有和你们打招呼了。"

闲扯几句后,警察急急走了。陈独秀警觉起来,立即带上随身要用的东西,辗转去了李大钊家。李大钊担心地说:"仲甫,北京待不下去了,想法子回南方吧。"二人连夜来到北大教授王星拱家。王星拱给陈独秀戴上一顶毡帽,让他穿上王家厨师穿的一件油渍斑斑的背心,装成病人。李大钊带几本账本及店家用的红底片子,装成生意人。两个人雇了一辆骡车,连夜出朝阳门,直奔天津。

就在那辆不起眼的骡车上,一件对近现代中国影响深远的伟大事件正在酝酿中。陈独秀通过五四运动及其后自己的遭遇,深感中国有必要建立一个工人阶级的政党。他的目光从以青年学生为主转向以工农大众为主,从对思想文化的研究和传播转向建党的实际运动。1920年初,李大钊著《团体的训练与革新的事业》一文,公开号召在中国建立工人阶级政党组织:"最近时代的劳动团体和社会政党的组织精密,力量更大。俄罗斯有共产党员60万人,并以此建成一个赤色的国家,而中国缺乏的是这种有组织和有训练的力量。"进而指出:"中国现在自己无一个真能表现民众势力的团体。C派(共产主义派——编者注)朋友若能成立一个强固的精密的组织,并注意促进其分子之团体的训练,那么中国彻底的大改革,或者有所附托!"

雪后的夜晚,大地白茫茫一片,旷野里偶尔传来几声狗叫。骡子急急向前奔去，身上的铃铛有节奏地响着，两只轱辘在脆嘣嘣的雪地上留下崭新的辙印。李大钊和陈独秀一点倦意也没有，开始交流建立共产党的看法。李大钊说："仲甫，你看我们中国是否也走苏俄的道路，成立苏俄式的政党？"

"好啊。我以前是反对成立为一个阶级服务的政党的。倘若那个时候你要我成立一个新党，我是不干的。"陈独秀欢快地说。就在上个月，他在《〈新青年〉宣言》中还说，永远不加入"没有全社会幸福的政党"。

"哦？现在又怎么变了呢？"李大钊问。

"没有变。苏俄式政党是谋求全社会幸福的政党，再说……"陈独秀用力吸了一口烟说，"我声明不加入这样的党，并没有声明不发起一个自己信仰的党啊！"

"说得好！"李大钊大声赞赏道。

这一路，两个人亲密地谈着在中国建党的事宜，并约定，陈独秀在上海，李大钊在北京，一南一北负责建党。

阴历除夕，陈独秀到了上海。上海街头到处响着噼噼啪啪的鞭炮声，酒吧、饭馆里传出划拳声，舞厅、戏院飘出乐曲声，石库门房子里传出"哗哗"的麻将声，一切都迎接着新年的到来。上海是中国工人阶级最为集中的中心城市，汇聚了50万产业工人。按照与李大钊的约定，陈独秀就在这里率先开始了建党活动。

在中国共产党创建史上，"南陈北李，相约建党"的佳话广为流传。在他们的行动和推动下，各地纷起响应，一时间形成星火燎原之势。创建中国共产党的伟大事业由此开启。

第二节　学习贯彻党的指导思想

马克思主义是我们立党立国、兴党兴国的根本指导思想。实践告诉我们，中国共产党为什么能，中国特色社会主义为什么好，归根到底是马克思主义行，是中国化时代化的马克思主义行。拥有马克思主义科学理论指导是我们党坚定信仰信念、把握历史主动的根本所在。

——习近平在中国共产党第二十次全国代表大会上的报告

一、马克思列宁主义具有强大生命力

马克思主义是关于人类社会发展和解放的科学理论和思想体系，是无产阶级政党的行动指南。马克思主义是马克思和恩格斯在 19 世纪 40 年代创立的理论体系，由马克思、恩格斯创立的以马克思的名字命名的无产阶级解放运动的理论体系，是全世界无产阶级的正确的科学思想的结晶，是无产阶级根本利益的科学表现。马克思主义包括极其广泛的内容，几乎涵盖了社会科学和自然科学的所有领域。它的主要内容包括马克思主义哲学、政治经济学和科学社会主义三个组成部分。这三个组成部分相互渗透，构成了一个完整严密的科学理论体系。

我们党的历史，就是一部不断推进马克思主义中国化的历史，就是一部不断推进理论、进行理论创造的历史。马克思主义一定要中国化，才能落地生根、本土化，才能深入人心。毛泽东同志在六届六中全会上旗帜鲜明地提出了马克思主义中国化的重大命题，指出要推进"马克思主义的中国化，使之在其每一表现中都带着中国的特性"。马克思主义传入中国后，其主张受到中国人民的热烈欢迎，并在神州大地上开花结果，这与我国几千年来传承下来的优秀历史文化，与广大人民群众日用而不觉的融会贯通有着直接的关系。在近代中国最危急的时刻，中国共产党人发现了马克思列宁主义，用马克思主义真理的力量激活了中华民族几千年创造的伟大文明，中华文明重新迸发出强大的精神力量。回顾百年党史，我们党之所以能够在一次次的开拓中，领导中国人民完成其他各种政治力量不可能完成的艰巨任务，根本在于坚持把马克思主义基本原理同中国具体实际相结合、同中华优秀传统文化相结合，及时回答时代和人民群众的问题，不断推进马克思主义中国化时代化。

二、毛泽东思想是马克思主义中国化的第一次历史性飞跃

党章指出："以毛泽东同志为主要代表的中国共产党人，把马克思列宁主义的基本原理同中国革命的具体实践结合起来，创立了毛泽东思想。毛泽东思想是马克思列宁主义在中国的运用和发展，是被实践证明了的关于中国革命和建设的正确的理论原则和经验总结，是中国共产党集体智慧的结晶。"毛泽东思想对马列主义作出了多种贡献，在哲学、经济、文化、军事、外交、党建等领域形成了独特的理论，形成了科学完备的体系。

以毛泽东同志为代表的中国共产党人，在新民主主义革命时期，基于对中国国情的认识，深入研究中国革命的特点和规律，发展马列主义关于民主革命中无产阶级领导权的思想，创立了新民主主义革命理论。其主要内容有：关于中国革命领导权的理论；关于中国革命基本问题是农民问题的理论；关于中国民族资产阶级两面性的理论；关于中国革命的主要形式是武装斗争的理论；关于农村包围城市最后夺取城市的革命道路的理论；关于统一战线的理论；关于党的建设的理论等。

以毛泽东同志为代表的中国共产党人，在新中国成立后创立了中国社会主义革命和建设的又一系列理论。它的主要内容是：关于人民民主专政的理论；关于党的工作重心由农村转移到城市的理论；关于社会主义改造的理论；关于由新民主主义向社会主义转变的理论；关于社会主义经济建设和中国工业化的理论；关于社会主义基本矛盾的理论；关于正确处理人民内部矛盾的理论；关于社会主义民主政治和执政党建设的理论；关于社会主义文化建设的理论等。

三、邓小平理论是马克思列宁主义、毛泽东思想的继承和发展

党章指出："十一届三中全会以来，以邓小平同志为主要代表的中国共产党人，总结新中国成立以来正反两方面的经验，解放思想，实事求是，实现全党工作中心向经济建设的转移，实行改革开放，开辟了社会主义事业发展的新时期，逐步形成了建设中国特色社会主义的路线、方针、政策，阐明了在中国建设社会主义、巩固和发展社会主义的基本问题，创立了邓小平理论。邓小平理论是马克思列宁主义的基本原理同当代中国实践和时代特征相结合的产物，是毛泽东思想在新的历史条件下的继承和发展，是马克思主义在中国发展的新阶段，是当代中国的马克思主义，是中国共产党集体智慧的结晶，引导着我国社会主义现代化事业不断前进。"

邓小平理论坚持解放思想，实事求是，继承前人的思想，在新的实践基础上突破陈规，开辟了马克思主义的新境界。邓小平理论坚持科学社会主义理论和实践的基本成果，抓住弄清"什么是社会主义、怎样建设社会主义"这个基本理论问题，深刻地揭示社会主义本质，把对社会主义的认识提高到新的科学水平。"什么是社会主义、怎样建设社会主义"，这是科学社会主义理论和实践所要回答的中心问题，也是建设中国特色社会主义理论的首要的基本问题。邓小平理论的历史性重大贡献，就是在这个问题上，坚持和发展了科学社会主义，使人民群众对社会主义的认识又上了一个新的科学台阶。在深刻总结历史经验的基础上，邓小平同志科学地把握了社会主义的本质，对我国这样一个经济文化落后的国家，如何建设、巩固和发展社会主义的一系列基本问题，邓小平理论坚持用马克思主义的宽广眼界观察世界，对所处时代特征和总体国际形势进行正确分析，作出了新的科学判断。邓小平理论第一次比较系统地初步回答了我国社会主义的一系列基本问题，包括发展道路、发展阶段、根本任务、发展动力、外部条件、政治保证、战略步骤、党的领导和依靠力量以及祖国统一等，指导我们党在社会主义初级阶段制定了基本路线。它是贯穿哲学、政治经济学、科学社会主义等各个领域，涵盖了较为完备的经济、政治、科技、教育、文化、民族、军事、外交、统战、党建等各个方面的科学制度。

四、"三个代表"重要思想是中国特色社会主义理论体系的丰富发展

党章指出:"十三届四中全会以来,以江泽民同志为主要代表的中国共产党人,在建设中国特色社会主义的实践中,加深了对什么是社会主义、怎样建设社会主义和建设什么样的党、怎样建设党的认识,积累了治党治国新的宝贵经验,形成了'三个代表'重要思想。'三个代表'重要思想是对马克思列宁主义、毛泽东思想、邓小平理论的继承和发展,反映了当代世界和中国的发展变化对党和国家工作的新要求,是加强和改进党的建设、推进我国社会主义自我完善和发展的强大理论武器,是中国共产党集体智慧的结晶,是党必须长期坚持的指导思想。始终做到'三个代表',是我们党的立党之本、执政之基、力量之源。"

"三个代表"是党生存发展的根本,是党兴旺发达的标尺。什么时候坚持做到了"三个代表",什么时候我们党兴旺发达了,我们党就有了人民群众的支持,我们党就能经受住任何风险的考验。什么时候出现偏差或没有完全做到"三个代表",什么时候出现这样那样的问题,人民群众就会不满意,党就会遇到困难和挫折。

"三个代表"是党固本强基的要求,也是党保持蓬勃生机、始终走在时代前列的根本。进入新世纪,我们党治国理政的任务更加繁重,需要解决的问题更加复杂。我们党只有坚持"三个代表",当好"三个代表",才能始终用好人民赋予的执政权力,才能无愧于历史赋予的执政地位。我们的执政水平才能不断提高,我们党的执政地位才能不断巩固。在充满希望和挑战的二十一世纪,我们党要继续保持永不衰竭的动力和活力,就必须始终坚持"三个代表",当好"三个代表",特别是始终代表最广大人民的根本利益,把我们党的根基牢牢地扎在人民群众之中,扎在社会主义发展的本质之中,扎在时代进步的要求之中。

贯彻"三个代表"重要思想,关键在坚持与时俱进,中国共产党要保持生命活力,把党建设成为经得起任何风险和考验的党,更好地发挥建设中国特色社会主义领导核心的作用,就必须紧紧把握时代脉搏,深刻认识时代进步的方向,永远走在时代发展的前列。实践"三个代表"重要思想,核心在于坚持党的先进性建设。先进性是工人阶级先锋队的本质体现,作为中国工人阶级的先

锋队,我们党必须时刻把保持先进性作为重中之重来抓。落实"三个代表"重要思想,实质是坚持为民执政。全心全意为人民服务,立党为公、执政为民,是我们党同一切剥削阶级政党的根本区别,也是贯彻落实"三个代表"重要思想根本要求的实质所在。

五、科学发展观是中国特色社会主义的接续发展

党章指出:"十六大以来,以胡锦涛同志为主要代表的中国共产党人,坚持以邓小平理论和'三个代表'重要思想为指导,根据新的发展要求,深刻认识和回答了新形势下实现什么样的发展、怎样发展等重大问题,形成了以人为本、全面协调可持续发展的科学发展观。科学发展观是同马克思列宁主义、毛泽东思想、邓小平理论、'三个代表'重要思想既一脉相承又与时俱进的科学理论,是马克思主义关于发展的世界观和方法论的集中体现,是马克思主义中国化重大成果,是中国共产党集体智慧的结晶,是发展中国特色社会主义必须长期坚持的指导思想。"

作为中国特色社会主义理论体系的重大成果,科学发展观集中体现了马克思主义关于发展的世界观和方法论。马克思主义唯物史观强调,生产力是社会发展的第一要素,生产力决定生产关系,经济基础决定上层建筑。科学发展观强调发展是第一要义,正是这一思想的集中体现,要求我们在建设中国特色社会主义事业过程中必须牢牢抓住经济建设这个中心。马克思一直强调,人是社会发展的核心。人的自由解放程度是衡量社会发达程度的重要标志,也是促进社会进步的根本动力。以人为核心的科学发展观,体现了历史唯物主义的本质要求。马克思主义强调事物具有普遍联系,社会是各个领域联系在一起的有机整体。

科学发展观强调统筹兼顾,坚持一切从实际出发,既统揽全局、统筹兼顾,又把握关键、重点突破,体现了历史唯物主义的基本要求。马克思主义强调充分发挥人的主观能动性,是在尊重客观规律的基础上;只有做到主观与客观的有机统一,才能有力地促进社会的发展。科学发展观强调全面协调可持续发展,这一理念在马克思主义身上得到了充分体现。可以看出,科学发展观是马克思主义发展观的极大丰富和发展,开辟了当代中国马克思主义发展的新境界,同时也引领了当代中国的发展和进步。

六、习近平新时代中国特色社会主义思想是当代中国马克思主义、二十一世纪马克思主义

党章指出:"十八大以来,以习近平同志为主要代表的中国共产党人,坚持把马克思主义基本原理同中国具体实际相结合、同中华优秀传统文化相结合,科学回答了新时代坚持和发展什么样的中国特色社会主义、怎样坚持和发展中国特色社会主义等重大时代课题,创立了习近平新时代中国特色社会主义思想。习近平新时代中国特色社会主义思想是对马克思列宁主义、毛泽东思想、邓小平理论、'三个代表'重要思想、科学发展观的继承和发展,是当代中国马克思主义、二十一世纪马克思主义,是中华文化和中国精神的时代精华,是党和人民实践经验和集体智慧的结晶,是中国特色社会主义理论体系的重要组成部分,是全党全国人民为实现中华民族伟大复兴而奋斗的行动指南,必须长期坚持并不断发展。"

党的二十大报告提出:"我们党勇于进行理论探索和创新,以全新的视野深化对共产党执政规律、社会主义建设规律、人类社会发展规律的认识,取得重大理论创新成果,集中体现为新时代中国特色社会主义思想。"[①]

习近平总书记对新时代党和国家事业发展的一系列重大理论和实践问题进行了深邃思考和科学判断,就新时代坚持和发展什么样的中国特色社会主义、怎样坚持和发展中国特色社会主义,建设什么样的社会主义现代化强国、怎样建设社会主义现代化强国,建设什么样的长期执政的马克思主义政党、怎样建设长期执政的马克思主义政党等重大时代课题,提出一系列原创性的治国理政新理念新思想新战略,是习近平新时代中国特色社会主义思想的主要创立者。习近平新时代中国特色社会主义思想是当代中国马克思主义、二十一世纪马克思主义,是中华文化和中国精神的时代精华,实现了马克思主义中国化新的飞跃。

我们党之所以能够历尽艰险,不断创造新的辉煌,很重要的一条就是要始终坚持思想建党、理论强党,坚持用科学的理论武装广大党员干部的头脑,使全党在思想上始终保持统一,意志上始终保持坚定,战斗力上始终保持旺盛。习近平新时代中国特色社会主义思想作为当代中国马克思主义,是指引完成新时代党的历史使命的理论灯塔。在习近平新时代中国特色社会主义思想指

---

①习近平.习近平著作选读:第一卷[M].北京:人民出版社,2023.

导下,中国共产党领导全国各族人民,统揽伟大斗争、伟大工程、伟大事业、伟大梦想,推动中国特色社会主义进入新时代,实现第一个百年奋斗目标,开启了实现第二个百年奋斗目标新征程。

故事 运输机

我为什么入党:三位共和国元帅的信仰选择[①]

朱德:舍弃高官追求党

入党遭拒　赴法圆梦

朱德1886年出生于四川省仪陇县,1911年参加辛亥革命,后追随孙中山投身革命事业。在早期的革命生涯中,他先后担任滇军旅长、云南陆军宪兵司令部司令官、云南省警务处处长兼昆明警察厅厅长等职。

辛亥革命后,内战频仍,民不聊生,朱德心中甚是苦闷和彷徨。五四运动爆发后,随着先进思想的涌入,他认真学习《新青年》《新潮》等进步书刊,从中了解到列宁领导的十月革命,并进而对苏联共产党实行的劳工神圣的社会主义制度表示欣赏和赞同。他的思想有了很大提升。在学习和交流的过程中,好友孙炳文告诉他,在苏联的帮助下,中国共产党已在上海成立。这个党要领导劳苦大众推翻军阀统治,赶走外国列强,夺取全国政权,在中国实行社会主义制度。

听完孙炳文的话,朱德豁然开朗,他下定决心要加入中国共产党,与军阀部队彻底决裂,走一条革命的新路。1922年7月,朱德辞去昆明警察厅厅长一职,并拒绝了川军第二军军长杨森要他出任师长职位的邀请,迫不及待地来到上海,找到中国共产党的创建人陈独秀,向他提出了入党的请求。

但是,陈独秀认为朱德这样当过高级军官的人,不是申请一下就可以入党的,必须在革命活动中,经过严格考验被认为合格了才能发展,于是拒绝了他的请求。在上海要求入党未成,朱德决定转赴欧洲。1922年10月,他在柏林拜访了中共旅欧支部负责人周恩来,恳切地陈述了自己找党的曲折经历和献

---

①吴文珑.我为什么入党:三位共和国元帅的信仰选择[N].人民日报,2016-06-21(19).

身中国革命的强烈愿望,再次请求加入中国共产党。周恩来在询问了朱德一些相关的问题后表示,他愿意和有关同志介绍朱德加入中国共产党,但支部只能接受朱德为候补党员,待报国内中央局批准后他才能算正式党员。同年11月,经张申府、周恩来介绍,朱德实现了他的入党愿望。

为了追求理想,朱德舍弃高官厚禄,离开旧军队,远渡重洋,终得偿夙愿。这一过程的艰辛和曲折,证明了他对于革命理想的执着。

叶剑英:经受考验加入党
血火洗礼　坚定选择

叶剑英追随孙中山投身民主革命,先后担任海军陆战队营长、建国粤军第二师参谋长等职。在黄埔军校任职期间,他废寝忘食地阅读马列主义经典著作,经常参加中国共产党组织开展的各种活动,并正式向党组织提出了加入中国共产党的请求。当时,党组织的部分同志认为,叶剑英是国民党军队高级军官,需经长时间考验才能被吸收,于是拒绝了他的请求。但叶剑英并未灰心,他仍坚持学习马列主义,继续同军校中的共产党人交往。

北伐战争开始后,叶剑英被蒋介石任命为国民革命军第一军参谋长兼新编第二师代师长,率部从南昌移防吉安。在吉安,他深受部队左派军官和秘密共产党员的思想影响,大力支持进步的革命活动。蒋介石发动"四一二"反革命政变后,白色恐怖笼罩全国,叶剑英非常愤慨。经过紧张而激烈的思想斗争,他做出了人生重大选择:通电全国反蒋。蒋介石得知消息后,宣布将叶剑英"永远开除"出国民党。吉安的反动势力也将矛头直指叶剑英,迫使他离开吉安。

叶剑英离开吉安后,辗转来到武汉。他在武汉多次会见广东梅县故交、中共党员,时任武汉公安局主任秘书的李世安,同他谈了对时局的看法,倾诉了心中的苦闷,并再次提出了加入中国共产党的请求。李世安随即秘密找到周恩来,向他汇报了叶剑英的情况。1927年7月上旬,经周恩来同意,中共中央批准叶剑英为中共正式党员。

叶剑英从一名革命民主主义者,成长为一名共产主义战士,这种转变,是他经历了艰难曲折,经受了血与火的洗礼和考验后作出的坚定选择。

贺龙:率部起义跟随党
拒绝拉拢　追求真理

贺龙在早期的革命实践中,他先后担任桑植县讨袁护国军总指挥、湘西护国军营长、靖国军团长、建国川军师长等职。

在旧军队里,贺龙虽然顺利地从营长当到师长,但他没有看到中国的希望。1921年中国共产党的成立，给黑暗中的中国带来了光明。贺龙对党领导的工农运动抱有很高的期望，给予了热情的支持。他想找到共产党，认为只有在共产党的领导下，革命才有办法。于是，他决定到广州找党。通过各种渠道，他先后接触了共产党员夏曦和毛泽东派来的兼有国共两党省委委员身份的陈昌甫。

1926年8月，时任国民革命军第20军军长的贺龙向共产党员周逸群公开提出入党的申请。但鉴于当时中共有不能在友军内部吸收高级军官入党的规定，周逸群没有答应贺龙的请求。此后，贺龙一次又一次地提出入党申请，但都没得到批准。这一时期，各方势力竞相游说、拉拢贺龙。蒋介石许诺让他做国民党中央委员和江西省主席，并赠送一栋豪华大洋楼，对此，贺龙断然拒绝。

1927年8月，中共中央决定在南昌发动武装起义。起义前夕，中共临时政治局委员谭平山会见贺龙，通报了中央希望他率领部队参加起义的决定。贺龙表示完全听从共产党的指示，并同意担任起义军总指挥。

1927年8月底，就在南昌起义军南下的途中，经周逸群和谭平山的介绍，贺龙正式加入了中国共产党。周恩来在贺龙的入党宣誓仪式上说："组织上对贺龙很了解。多年来，贺龙同志积极追求真理，是经过考验的，是信得过的。"

选择中国共产党，跟着党干革命，是贺龙在探索真理的过程中得出的深刻认识。多年后，回顾自己曲折的入党经历，贺龙意味深长地说："有的材料写我七十次找党，算上历次的要求，我也记不清楚了，没有七十次，恐怕也有几十次吧！"

第三节　深刻领会习近平新时代中国特色社会主义思想

理论学习角

学思想,就是要全面学习领会新时代中国特色社会主义思想,全面系统掌握这一思想的基本观点、科学体系,把握好这一思想的世界观、方法论,坚持好、运用好贯穿其中的立场观点方法,不断增进对党的创新理论的政治认同、思想认同、理论认同、情感认同,真正把马克思主义看家本领学到手,自觉用新时代中国特色社会主义思想指导各项工作。

——习近平在学习贯彻习近平新时代中国特色社会主义思想主题教育工作会议上的讲话

一、深刻理解和科学把握新时代党的创新理论

习近平新时代中国特色社会主义思想运用马克思主义立场观点方法,聚焦新的时代命题,凝结新的思想精华,总结开创性、独创性的实践经验,提出一系列新思想新观点新论断,构建起新的理论体系。这一思想内涵十分丰富,涵盖了经济、政治、法治、科技、文化、教育、民生、民族、宗教、社会、生态文明、国家安全、国防和军队、"一国两制"和祖国统一、统一战线、外交、党的建设等各方面。

坚持和发展中国特色社会主义,是习近平新时代中国特色社会主义思想的核心要义。中国特色社会主义,是党和人民历尽千辛万苦、付出巨大代价取得的根本成就。坚持和发展中国特色社会主义,是改革开放以来党的全部理论和实践的主题,从党的十三大起,历次党的全国代表大会报告标题中都有

"中国特色社会主义"这个主题词。党的十九大以来，习近平总书记不断深化对中国特色社会主义的认识思考，提出了许多重大论断、重要思想。中国特色社会主义进入新时代，完成脱贫攻坚、全面建成小康社会的历史任务，实现了第一个百年奋斗目标，作为新时代具有重大现实意义和深远历史意义的三件大事；明确了新时代新征程中国共产党的使命任务是全面建成社会主义现代化强国、实现第二个百年奋斗目标，以中国式现代化全面推进中华民族伟大复兴；强调要坚持政治建军、改革强军、科技强军、人才强军、依法治军，把人民军队建设成为世界一流军队；强调高质量发展是全面建设社会主义现代化国家的首要任务；强调教育、科技、人才是全面建设社会主义现代化国家的基础性、战略性支撑；强调人民民主是社会主义的生命，是全面建设社会主义现代化国家的应有之义等。这些重要论述丰富拓展了中国特色社会主义的内涵和外延，也为我们立足广袤国土、聚合磅礴之力走好自己的路，提供了更具实践广度、现实深度、历史厚度的思想理论支撑。

党的十九大、十九届六中全会提出的"十个明确""十四个坚持""十三个方面成就"概括了习近平新时代中国特色社会主义思想的主要内容①。

"十个明确"：明确中国特色社会主义最本质的特征是中国共产党领导，中国特色社会主义制度的最大优势是中国共产党领导，中国共产党是最高政治领导力量，全党必须增强"四个意识"、坚定"四个自信"、做到"两个维护"；明确坚持和发展中国特色社会主义，总任务是实现社会主义现代化和中华民族伟大复兴，在全面建成小康社会的基础上，分两步走在本世纪中叶建成富强民主文明和谐美丽的社会主义现代化强国，以中国式现代化推进中华民族伟大复兴；明确新时代我国社会主要矛盾是人民日益增长的美好生活需要和不平衡不充分的发展之间的矛盾，必须坚持以人民为中心的发展思想，发展全过程人民民主，推动人的全面发展、全体人民共同富裕取得更为明显的实质性进展；明确中国特色社会主义事业总体布局是经济建设、政治建设、文化建设、社会建设、生态文明建设五位一体，战略布局是全面建成社会主义现代化国家、全面深化改革、全面依法治国、全面从严治党四个全面；明确全面深化改革总目标是完善和发展中国特色社会主义制度、推进国家治理体系和治理能力现代化；明确全面推进依法治国总目标是建设中国特色社会主义法治体系、建设社

①中共中央宣传部.习近平新时代中国特色社会主义思想学习纲要：2023年版[M].北京：人民出版社，2023.

会主义法治国家;明确必须坚持和完善社会主义基本经济制度,使市场在资源配置中起决定性作用,更好发挥政府作用,把握新发展阶段,贯彻创新、协调、绿色、开放、共享的新发展理念,加快构建以国内大循环为主体、国内国际双循环相互促进的新发展格局,推动高质量发展,统筹发展和安全;明确党在新时代的强军目标是建设一支听党指挥、能打胜仗、作风优良的人民军队,把人民军队建设成为世界一流军队;明确中国特色大国外交要服务民族复兴、促进人类进步,推动建设新型国际关系,推动构建人类命运共同体;明确全面从严治党的战略方针,提出新时代党的建设总要求,全面推进党的政治建设、思想建设、组织建设、作风建设、纪律建设,把制度建设贯穿其中,深入推进反腐败斗争,落实管党治党政治责任,以伟大自我革命引领伟大社会革命。

"十四个坚持":坚持党对一切工作的领导;坚持以人民为中心;坚持全面深化改革;坚持新发展理念;坚持人民当家作主;坚持全面依法治国;坚持社会主义核心价值体系;坚持在发展中保障和改善民生;坚持人与自然和谐共生;坚持总体国家安全观;坚持党对人民军队的绝对领导;坚持"一国两制"和推进祖国统一;坚持推动构建人类命运共同体;坚持全面从严治党。

党的二十大报告用"六个必须坚持"对习近平新时代中国特色社会主义思想的世界观和方法论进行了高度凝练、科学概括,即必须坚持人民至上、必须坚持自信自立、必须坚持守正创新、必须坚持问题导向、必须坚持系统观念、必须坚持胸怀天下。

必须坚持人民至上。人民性是马克思主义的本质属性,党的理论是取之于民、用之于造福于民的理论,人民群众的创造性实践是理论创新的不竭源泉。一切脱离人民的理论都苍白无力,一切不造福人民的理论都毫无生机可言。我们要站稳人民立场、把握人民愿望、尊重人民创造、集中人民智慧,形成人民所喜爱、所认同、所拥戴的理论,使之成为指导人民认识世界和改造世界的强大思想武器。

必须坚持自信自立。中国人民和中华民族从近代以后的深重苦难走向伟大复兴的美好前景,从来就不是课本上的东西,更不是现成的答案。党的百余年奋斗成功道路是党领导人民独立自主探索开辟出来的,马克思主义的中国篇章是中国共产党人依靠自身力量实践出来的,贯穿其中的一个基本点就是中国的问题必须从中国基本国情出发,由中国人自己来解答。我们要坚持对马克思主义的坚定信仰、对中国特色社会主义的坚定信念,坚定道路自信、理论自信、制度自信、文化自信,以更加积极的历史担当和创造精神为发展马克思主义作出新的贡献,既不能刻舟求剑、封闭僵化,也不能照抄照搬、食洋不化。

必须坚持守正创新。我们从事的伟大事业,只有守正,才能不出现颠覆性的失误;只有创新,才能把握时代、引领时代。我们要以科学的态度对待科学、以真理的精神追求真理,坚持马克思主义基本原理不动摇,坚持党的全面领导不动摇,坚持中国特色社会主义不动摇,紧跟时代步伐,顺应实践发展,以满腔热忱对待一切新生事物,不断拓展认识的广度和深度,敢于说前人没有说过的新话,敢于干前人没有干过的事情,以新的理论指导新的实践。

必须坚持问题导向。问题是时代的声音,回答并指导解决问题是理论的根本任务。今天我们所面临问题的复杂程度、解决问题的艰巨程度明显加大,给理论创新提出了全新要求。我们要增强问题意识,聚焦实践遇到的新问题、改革发展稳定存在的深层次问题、人民群众急难愁盼问题、国际变局中的重大问题、党的建设面临的突出问题,不断提出真正解决问题的新理念新思路新办法。

必须坚持系统观念。一切事物都是相互联系,相互依存的。用普遍联系的系统的变化的观点来观察事物,才能抓住事物的发展规律。我国是一个发展中的大国,仍处于社会主义初级阶段,正在经历广泛而深刻的社会变革,推进改革发展、调整利益关系往往牵一发而动全身。要善于透过历史看现实、透过现象看本质,把握好全局和局部、当前和长远、宏观和微观、主要矛盾和次要矛盾、特殊和一般的关系,不断提高战略思维、历史思维、辩证思维、系统思维、创新思维、法治思维、底线思维能力,为前瞻性思考、全局性谋划、整体性推进党和国家各项事业提供科学思想方法。

必须坚持胸怀天下。中国共产党是为中国人民谋幸福、为中华民族谋复兴的党,也是为人类谋进步、为世界谋大同的党。我们要拓展世界眼光,深刻洞察人类发展进步潮流,积极回应各国人民普遍关切,为解决人类面临的共同问题作出贡献,以海纳百川的宽阔胸襟借鉴吸收人类一切优秀文明成果,推动建设更加美好的世界。

我们坚持以马克思主义为指导,就是要用它科学的世界观和方法论解决中国的问题,而不是把它具体的结论、词句背下来、重复一遍,更不能把马克思主义当作一成不变的教条。必须坚持解放思想、实事求是、与时俱进、求真务实,一切从实际出发,着眼于解决新时期改革开放和社会主义现代化建设的实际问题,不断回答中国之问、世界之问、人民之问、时代之问,作出符合中国实际和时代要求的正确回答,得出符合客观规律、更好指导中国实践的科学认识,形成与时俱进的理论成果。不断赋予科学理论鲜明的中国特色,不断夯实马克思主义中国化、时代化的历史根基和群众基础,使之在华夏大地上生根发芽。

实践永无止境,创新永无止境。不断在马克思主义中国化的时代进程中谱写新的篇章,是当代中国共产党人义不容辞的庄严历史责任。继续推进实践基础上的理论创新,就要把握好习近平新时代中国特色社会主义思想的世界观和方法论,坚持好、运用好贯穿其中的立场观点方法。

二、从党的创新理论中汲取奋发进取的力量

习近平总书记指出,"新时代中国青年要树立远大理想。青年的理想信念关乎国家未来。青年理想远大、信念坚定,是一个国家、一个民族无坚不摧的前进动力。"[1]"党和人民事业发展离不开一代又一代有志青年的拼搏奉献。只有当青春同党和人民事业高度契合时,青春的光谱才会更广阔,青春的能量才能充分迸发。青年是社会中最有生气、最有闯劲、最少保守思想的群体,蕴含着改造客观世界、推动社会进步的无穷力量。"[2]

广大青年学生要在人生"拔节孕穗"的关键时期,自觉学习党的创新理论,并从中获取精神养分和奋进力量。大学生发展对象要通过不断学习,养成科学思维方法、提高科学思维能力,树立正确的世界观、人生观、价值观,系好人生第一粒扣子,走好人生道路。大学生发展对象要认真学习领会习近平新时代中国特色社会主义思想,努力掌握这一科学思想的世界观和方法论,用贯穿其中的立场观点方法观察时代、把握时代,认识世界、改造世界,做对人民有益的人,干对人民有利的事,切实增进人民福祉。大学生发展对象要树立共产主义远大理想,坚定中国特色社会主义共同理想,坚定听党话、跟党走的政治信念,要始终胸怀"国之大者",围绕党和国家事业的现实需要深入社会基层,扎根群众一线,厘清人生方向,锚定奋斗目标,奋楫笃行。大学生发展对象要自觉把个人理想追求融入国家和民族的事业之中,勇做走在时代前列的奋进者、

---

①习近平.论党的青年工作[M].北京:中央文献出版社,2022.
②习近平.在庆祝中国共产主义青年团成立100周年大会上的讲话[M].北京:人民出版社,2022.

开拓者,为全面建设社会主义现代化国家、全面推进中华民族伟大复兴,矢志不渝、奋斗一生,贡献青春力量,更好实现人生价值。

故事 运输机

鞠躬尽瘁"天空蓝" 刻骨铭心"中国红"

——记一位大学老教授[①]

邓建华,中国共产党党员,西北工业大学一位退休老教师,曾任航空学院教授、博士生导师,享受国务院政府特殊津贴。

邓建华1936年出生在日伪统治的东北辽宁海城的一个贫苦农民家庭,家里有兄弟姐妹8人,6岁时父亲过世。1945年春,年已8岁的他才有机会到一所小学读一年级,刚上了一个学期,抗战胜利,日本投降,学校全部停课。因为两位兄长参加了解放军,家里经常遭到国民党迫害。他们一家一年内搬了四次家,他也换了三所小学。1948年秋,他艰难地念完小学三年级,全家就分两批逃难去了解放区,就是如今的吉林省公主岭农村。1948年冬,当地农村土地改革,兄长用劳动维持生计,家中分了土地和房屋,生活终于稳定下来了。1949年春,解放区学校开学了,他一年学了两个年级的课程,并顺利毕业。1950年春,邓建华只身到了长春读中学,在共产党的教育下,他渐渐开始明白为国家和人民而学习,读书也更加刻苦努力,并取得了优异的成绩。也正是从这个阶段开始,邓建华的内心埋下了一颗红色的种子,他暗自下定决心,一定要成为一名光荣的中国共产党党员,一定要让自己的知识服务于社会,奉献于人民。

随后的五年里,在国家助学金的资助下,邓建华顺利地完成了学业。1955年,邓建华以优异的成绩从长春市高中毕业,在校领导的鼓励、支持和推荐下,他被新成立的中国人民解放军军事工程学院(简称哈军工)选中。"当时我对解放军有一种特殊的情感,因为新中国成立后靠国家助学金才读完中学,还有两个哥哥也都是解放军,因此我想像他们那样成为解放军为国家做贡献。"就

---

①《西北工业大学"四个一"活动访谈记录九》,西北工业大学2021年编印本,有改动。

这样，邓建华毅然决然地决定报考哈军工，并以高于清华大学、北京大学分数线的高考成绩踏入了哈军工的大门，开始了他人生中第二个重要的阶段。

哈军工当时是中国人民解放军三大顶级军事学院之一。邓建华是第四期的学生，当时正值中苏关系友好时期，哈军工是在苏联的援助下建成的。邓建华本科被分配到了当时学校最强最大的空军工程系航空工程科（一系一科）。在哈军工读书的这几年是邓建华人生中最重要的一个阶段。他说，哈军工六年的学习让他受益终身，他的人生方向原来是朦胧的。在小学的时候，他想着能上学就行；到中学的时候，他就知道我要爱国，要报效国家。但是怎么为国奉献？那时候他还不清楚。到哈军工后，他知道了要为航空事业奋斗，有了一个明确的努力方向和人生目标。

1961年5月6日，邓建华加入了中国共产党，成为一名光荣的中国共产党党员，正是从这一天开始，邓建华报国之心愈加强烈。同年毕业后，邓建华留校做了一名青年教师。不巧的是，他刚刚投身航空教育事业不久，就赶上了"文化大革命"，学校停课了。在那种混乱的情况下，包括邓建华在内的多数青年教师没有选择参与其中或逍遥度日，而是互相帮助，大家抓紧时间补齐知识短板。1970年，哈军工空军工程系并入西北工业大学，邓建华阔别了他学习、工作和生活了十五年的哈军工校园，来到了新的岗位。

走出国门学尖端　学以致用促发展

1978年改革开放，带来了中国科学的春天，也开启了邓建华人生中最重要的一个阶段。邓小平在改革开放中提出了要送一批人到国外去学习，邓建华凭借自己的实力成为新中国首批公派留德学者。经过短暂的德语培训和专业基础准备，1981年初，邓建华前往德国留学，以访问学者的身份与德国布伦瑞克工业大学飞行制导研究所的世界著名飞行控制专家、工学博士 R. Brockhaus 教授合作，从事飞行控制技术研究，其间还参加了民用飞机特别研究项目"下一代民航飞机（空客）预先研究项目"研究。历时三年，他学习了飞行控制基本理论，查看了大量资料，了解了世界航空最新发展，开阔了视野，掌握了先进技术；在电传飞行控制技术、主动控制技术、飞行实验数据处理技术、故障检测与诊断技术、余度管理技术等领域都有所研究。同时，他在国际刊物发表了多篇论文。此外，邓建华还利用留德机会，与德国教育界、学术界、工程界等同行进行学术交流，建立了广泛联系，还促成西北工业大学与德国布伦瑞克工业大学建立了友好校际关系，进行学术交流和互派留学生，多次邀请世界著名教授来西北工业大学讲学，多批次相互合作培养研究生。1983年底，邓建华圆满结束合作研究,回到中国。1989 年,国家再次选拔少量高级专业人员短期出国学习并掌握国家最急需的先进科学技术。邓建华有幸获得了世界银行奖学金并于 1989 年 9 月到 1990 年 6 月以高级访问学者身份被公派到德国世界著名的豪诺维尔控制系统公司,从事飞行管理方面研究。这个课题会解决军用飞机和民用飞机飞行管理的四维控制问题。当时德国正在建设慕尼黑机场,要加强空中交通管理,特别是噪声管理。飞行噪声管理就是研究通过飞行交通管理控制飞行航迹减少飞机噪声对居民的影响。虽然邓建华从事这一课题研究时间并不长,但由于选用方法有效,研究结果受到了主管方面的肯定和赞誉。他们甚至提出让邓建华留下来,帮他们解决问题。但邓建华还是坚决地选择回国,并将该项技术成果应用在国内民航系统。随着我国电传飞控系统飞机的研制,国内急需飞行品质模拟器及其研制技术。德国柏林工业大学航空航天研究所是这个领域的先进技术中心,有强大的研发实力,无论研究模拟器还是训练模拟器,其技术都是世界最先进的。邓建华与该所教授,时任柏林工业大学校长相识,他邀请邓建华前往该所讲学并进行飞行品质模拟器与飞行仿真技术合作研究。通过多年的出国学习、讲学、合作研究,邓建华了解了世界航空技术的最新发展,并将掌握的先进航空技术应用到了实践中。同时,作为一名中国共产党党员,他也始终希望自己学到的知识能为党、为中国的航空事业作出更大的贡献。

歼-10 飞机担顾问　大展宏图为国家

1983 年底,邓建华回国后,航空航天部邀请他参与先进电传歼击机合作设计项目。为此,邓建华先后去六一一所和六〇一所讲授线性系统理论、计算机控制等基础理论和飞行控制理论、数字电传飞控系统等专业课程。1984 年该项目被批准成为国家重大专项,代号为"十号工程"(后被命名为歼-10 飞机)。该项目通过与国外合作,研制先进的超音速歼击机,属于三代半歼击机,邓建华被聘任为"十号工程"飞控系统技术顾问。从此,邓建华开始了歼-10 飞机飞控系统研制,并协助总设计师研究飞控系统关键技术,同时还承担一些项目研发任务,如:飞控系统全机机上地面实验设施研制、电传飞机飞行实验数据采集与处理、飞行品质模拟器研制等。在"十号工程"进行的同时,邓建华被邀请参与《歼-8ACT(主动控制技术)验证(飞)机》研制,专项配合"十号工程"数字电传飞控系统关键技术研究,独立承担了在沈飞的全部飞行实验的数据采集与分析。此外,邓建华还参加了运-12 飞机适航性飞行实验数据采集和数据分析工作,接着还承担了国防重大预研项目第四代飞机(歼-20 飞机)的预研工作,开展综合控制(综合火力/飞行/推进控制)系统,推力矢量控制系统和智能控制系统研究等。邓建华在全校范围内招集专业合适的老师和研究生,组成强大的研发团队参与重大项目,既完成了国家项目研究,又完成了教学任务,还培养了人才。邓建华还先后被聘为多家飞机制造公司和飞机设计研究所的技术顾问和历届中国航空学会飞行器控制与操纵专业委员、国家科技发展战略专家、空军装备专家、军品配备咨询专家。他的名字入选《中国高级科学技术人才大辞典》《中华人物辞海》《国际名人录》《中国专家大辞典》《海城名人录》等书。

海外求学满载归　开设专业敢为先

1983年底,邓建华留学回国在原飞机系飞机设计教研室任教。他继续承担本科教学任务。学校还破格允许邓建华与其他老教师合作培养研究生。飞机设计专业当时还沿用之前的教育计划,以结构、气动、动力等力学为其专业基础,没有包含正在发展的计算机、现代控制理论等为基础的先进飞机设计方法,如 ACT(主动控制技术)等。为此,邓建华建议在飞行器设计专业教学中增加基础理论课,如:工程数学、计算机与微机应用、自动控制原理等,同时开设主动控制技术、随控布局飞行器(CCV)、电传操纵、综合控制技术、推力矢量技术、自修复控制技术等多门选修课程,邓建华亲自讲授,介绍世界先进航空技术和飞机设计方法,扩大学生的知识面和眼界。当时研究生教育刚刚起步,邓建华联合多位老师,招收多学科研究生,开展研究生人才培养工作。随后邓建华又在飞行器设计专业招收主动控制技术、综合控制技术、自修复飞行控制技术和智能飞行控制技术等方向的研究生,为本专业发展开拓了新方向。虽然经过多年教学,邓建华也培养了一批综合控制技术人才,但仍满足不了国家对这类技术人才的需要。为此,邓建华提议设置综合控制本科专业,并于本世纪初获国家批准,在西北工业大学航空学院成立综合技术与控制工程系,设置航空航天大类飞行器控制与信息工程专业。

德才兼备为师表　桃李芬芳满园春

邓建华受军工教育的影响,在自己的执教过程中也始终秉承军工传统,以打好基础和培养综合素质为培养研究生的基本宗旨和目标。邓建华教学的另一个重点就是培养学生的独立科研能力,为他们未来创造广阔的发展空间。"我从来不把研究生仅仅当作学生,而是将其纳入我的科研团队,直接参加实际科研课题研究。在这里,研究生的选题非常重要,他必须选择即具有学术水平又具有应用前景的研究课题。我对研究生的论文要求严格,多位研究生的论文获得了各级奖励。如张庆伟同学的研究生论文就被评为国家级优秀研究生论文，葛彤同学的研究生论文被评为陕西省省级优秀论文等。"他在执教期间共培养了近50名研究生，这些学生在诸多领域中都大有作为。邓建华的第一位硕士研究生袁鸿文，毕业后经他推荐到德国柏林工业大学航空航天研究所攻读博士学位。其余大多学生在航空航天技术领域，参加多种型号研发，其中董建鸿肩负重任主持民航飞机"新舟700"研制，任总设计师；罗乖林为空军某研究院总工程师；钱国红为某研究院副总工程师，研制舰载机歼-15；朱铁夫主持舰载机歼-15飞行控制系统研制；王文正为总装备部某研究院总工程师；等等。

邓建华童年的坎坷经历让他下定了读书上学的决心；少年的红色记忆让他更加坚信共产党的领导，他立志要报效祖国；成年的留学经历让他的学识更为渊博，也更加深了他的爱国情怀。他勤奋刻苦，勇于钻研，在中国航空事业崛起的路上兢兢业业；他呕心沥血，毫无保留地为我国的航空事业培育优秀人才。"天空蓝"是邓建华的梦想，是他自始至终从未改变的志向，也是一代代航空人对天空的不尽追求；"中国红"是邓建华的期望，是他决定报国的赤子之心。邓建华用自己的时光在"中国红"的背景下画出了一抹"天空蓝"，也为我们铸就了"天梯"。

第三章 请党放心 强国有我

——实现中华民族伟大复兴的中国梦

习近平总书记在中国共产党第二十次全国代表大会上的报告中指出，中国共产党已走过百年奋斗历程。我们党立志于中华民族千秋伟业，致力于人类和平与发展崇高事业，责任无比重大，使命无上光荣。全党同志务必不忘初心、牢记使命，务必谦虚谨慎、艰苦奋斗，务必敢于斗争、善于斗争，坚定历史自信，增强历史主动，谱写新时代中国特色社会主义更加绚丽的华章。

第一节　中华民族伟大复兴中国梦的由来

理论学习角

　　近代以来,实现中华民族伟大复兴成为中华民族最伟大的梦想,中国人民百折不挠、坚忍不拔,以同敌人血战到底的气概、在自力更生的基础上光复旧物的决心、自立于世界民族之林的能力,为实现这个伟大梦想进行了170多年的持续奋斗。

　　　　　　　　——习近平在第十三届全国人民代表大会第一次会议上的讲话

一、中国梦是历史的

　　中国梦具有几千年的历史渊源。习近平总书记说,经过几千年的沧桑岁月,把我国56个民族、13亿多人紧紧凝聚在一起的,是我们共同经历的非凡奋斗,是我们共同创造的美好家园,是我们共同培育的民族精神,而贯穿其中的、最重要的是我们共同坚守的理想信念①。习近平总书记这里并不是说,实现中华民族伟大复兴的中国梦在几千年前就形成了,而是说中国梦具有久远的历史渊源②。

　　中国梦发端并贯穿于100多年中国人民的持续奋斗之中。2012年习近平总书记在参观复兴之路大型展览时指出,经过鸦片战争以来170多年的持续奋斗,中华民族伟大复兴展现出光明的前景。

---

①习近平.习近平在十二届全国人大一次会议闭幕会上发表重要讲话[EB/OL].(2013－03－17)[2024－05－21].http://news.xinhuanet.com/2013lh/2013－03/17/c_115052635.htm.

②周文彰.习近平总书记中国梦思想概述[EB/OL].(2014－05－06)[2024－06－01].http://theory.people.com.cn/n/2014/0506/c40531－24978998.html.

1840年鸦片战争以后，中国逐步成为半殖民地半封建社会，国家蒙辱、人民蒙难、文明蒙尘，中华民族遭受了前所未有的劫难。从那时起，实现中华民族伟大复兴，就成为中国人民和中华民族最伟大的梦想①。

为了拯救民族危亡，中国人民奋起反抗，仁人志士奔走呐喊，他们投身于推翻封建帝制的辛亥革命，投身于中国共产党领导的伟大事业，在中国革命、建设、改革的历史画卷中写下了极为动人和精彩的篇章。

中华民族的昨天，正可谓"雄关漫道真如铁"。我们这个民族在近代以后遭受苦难之深重，付出牺牲之巨大，这在世界历史上都是罕见的。但是中国人民从不屈服，不断奋起抗争，我们也终于掌握了自己的命运。

了解中国梦的历史维度具有重要意义。习近平总书记指出，回首过去，我们全党同志都要牢记：落后就会挨打，发展才能自强。

二、中国梦是现实的

中国梦是现实的，因为它是我们正在为之努力奋斗的伟大理想的伟大实践。

首先，我们走上了实现中国梦的正确道路。习近平总书记指出："改革开放以来，我们总结历史经验，不断艰辛探索，终于找到了实现中华民族伟大复兴的正确道路，取得了举世瞩目的成果。这条道路就是中国特色社会主义。"②

习近平总书记在第十二届全国人民代表大会第一次会议上指出，实现中国梦必须走中国道路。这就是中国特色社会主义道路。这条道路是来之不易的，它是在改革开放40多年的伟大实践中走出来的，是在中华人民共和国成立70多年的持续探索中走出来的，是在对近代以来180多年中华民族发展历程的深刻总结中走出来的，是在对中华民族5000多年悠久文明的传承中走出来的，具有深厚的历史渊源和广泛的现实基础。

中华民族的今天，正可谓"人间正道是沧桑"。中国梦的现实维度告诉我们什么呢？习近平总书记说，审视现在，全党同志必须牢记，道路决定命运，找到一条正确的道路多么不容易，我们必须坚定不移走下去②。

---

①习近平.习近平谈治国理政：第四卷[M].北京：外文出版社，2022.
②习近平.承前启后 继往开来 继续朝着中华民族伟大复兴目标奋勇前进[EB/OL].(2012-11-29)[2024-06-10].http://news.xinhuanet.com/politics/2012-11/29/c_113852724.htm.

其次,我们比以往任何时候都有信心实现中华民族伟大复兴的中国梦。习近平总书记说,我们现在比历史的任何时期都更加接近中华民族伟大复兴这个目标,我们现在比历史上任何时期都有信心、都有能力实现这个目标。为了实现中华民族伟大复兴,中国共产党团结带领中国人民,自信自强、守正创新,统揽伟大斗争、伟大工程、伟大事业、伟大梦想,创造了新时代中国特色社会主义的伟大成就。党的十八大以来,中国特色社会主义进入新时代,我们坚持和加强党的全面领导,统筹推进"五位一体"总体布局、协调推进"四个全面"战略布局,坚持和完善中国特色社会主义制度、推进国家治理体系和治理能力现代化,坚持依规治党、形成比较完善的党内法规体系,战胜一系列重大风险挑战,实现第一个百年奋斗目标,明确实现第二个百年奋斗目标的战略安排,党和国家事业取得历史性成就、发生历史性变革,为实现中华民族伟大复兴提供了更为完善的制度保证、更为坚实的物质基础、更为主动的精神力量。中国共产党和中国人民以英勇顽强的奋斗向世界庄严宣告,中华民族迎来了从站起来、富起来到强起来的伟大飞跃,实现中华民族伟大复兴进入了不可逆转的历史进程!

最后,中国梦包含着许多现实的目标,如航天梦、强军梦、美丽中国梦、海洋强国梦,以及文化强国梦、人才强国梦、精神文明梦等。2012年12月8日,习近平总书记在广州战区考察工作时特别指出,可以说,这个梦想是强国梦,对军队来说,也是强军梦。我们要实现中华民族伟大复兴,必须坚持富国和强军相统一,努力建设巩固国防和强大军队。在致生态文明贵阳国际论坛2013年年会的贺信中,习近平总书记说:"走向生态文明新时代,建设美丽中国,是实现中华民族伟大复兴的中国梦的重要内容。"①中国梦不仅是物质文明的大发展,也是精神文明的大提高。2014年3月27日,在联合国教科文组织总部,习近平总书记在演讲中强调,实现中国梦,是物质文明和精神文明均衡发展、相互促进的结果。没有文明的继承和发展,没有文化的弘扬和繁荣,就没有中国梦的实现。中华民族的先人们早就向往人们的物质生活充实无忧、道德境界充分升华的大同世界。中华文明历来把人的精神生活纳入人生和社会理想之中。所以,实现中国梦,是物质文明和精神文明比翼双飞的发展过程。随着中国经济社会不断发展,中华文明也必将顺应时代发展焕发出更加蓬勃的生命力。

---

① 习近平.习近平关于实现中华民族伟大复兴的中国梦论述[EB/OL].(2013 - 12 - 05)[2024 - 06 - 20].http://theory.people.com.cn/n/2013/1205/c40555 - 23756883.html.

三、中国梦是未来的

中华文明是人类历史上唯一一个历经 5000 年却从未断流的文明,至今依然生机勃勃。历史证明,一切舶来的思想、理念如果没有同中国革命以及建设的伟大实践相结合,就必然困难重重,挫折不断。中国梦是中国近代以来无数仁人志士、革命先烈以鲜血和头颅换来的宝贵历史经验。

实现中华民族伟大复兴的历史任务光荣而艰巨,需要我们一代代中国人为之不懈奋斗和努力。习近平总书记指出,展望未来,全党同志要把蓝图变成现实,还要走很长的路,我们还要为此付出长期艰苦的努力。中华民族的明天,正可谓是"长风破浪会有时"。我们大家都能感到,我们现在比历史的任何时期都更加接近中华民族伟大复兴这个目标,我们现在比历史上任何时期都有信心、都有能力实现这个目标[1]。

★故事 运输机

求学奋斗,为圆"航空救国"梦
——中国第一位导弹总设计师梁守槃[2]

梁守槃,1916 年 4 月 13 日出生在福建省福州市,1933 年 6 月高中毕业。当时"科学救国""工程救国"的呼声高涨,他立志钻研工程技术,考上了大学,就读于清华大学机械系航空组,踏上"航空救国"之路。

1937 年梁守槃从清华大学毕业,获工学学士学位。当时正值全面抗战爆发,他在南昌航空机械学校高级班短期受训后,被分配到航空会研究室任绘图员。中国当时不能自己生产军用飞机,航空的主要装备都是美国货,而

---

①习近平:承前启后 继往开来 继续朝着中华民族伟大复兴目标奋勇前进[EB/OL].(2012-11-29)[2024-06-10].http://news.xinhuanet.com/politics/2012-11/29/c_113852724.htm.

②陈建有.军工添翼:哈军工空军工程系并入西北工业大学史话[M].西安:西北工业大学出版社,2018.有删减。

美国则以"不偏袒中日任何一方"为借口，提出中国抗日战争所需的武器装备要"现款自运"，这显然有利于日本侵略者。目睹这种屈辱的外交局面，梁守槃痛感只有发展中国自己的航空工业，才能摆脱他国的控制，建立起中国的国防。

为尽快掌握航空工程的先进技术，1938年8月，梁守槃赴美国麻省理工学院攻读航空工程专业的硕士学位，用了不到一年的时间就获得了硕士学位。原本梁守槃还可以在美国继续攻读博士学位或者找一份合适的工作，但此时第二次世界大战已经爆发，日本帝国主义发动的全面侵华战争仍在继续，亿万中国民众正在受苦受难，他决心把学到的知识贡献给"抗战"事业。1940年2月，梁守槃毅然返回战火纷飞的祖国。

回国后，梁守槃在昆明的西南联合大学航空系和机械系先后任讲师和副教授。抗战时期，国民党空军在贵州省大定县羊场坝建立了一家航空发动机制造厂，这对志在航空科技的梁守槃有相当大的吸引力，他做梦都想真刀真枪地造飞机，打日寇。1942年8月，梁守槃辞去大学教职，在夫人傅鹤的陪伴下，离开昆明，钻进大定县的穷山沟里。发动机制造厂设在羊场坝的乌鸦洞，梁守槃出任设计课长。他和同事们仿造美制航空发动机，学到一些生产知识。1944年，在仿制工作告一段落时，梁守槃与同事们千辛万苦地筹划，想设计一个小型的航空发动机作为教练机之用。在当时的条件下这是可行的，他们向厂方报告，请求批准。但国民党空军的答复是："你们设计的发动机能保证比美国的强吗？如果不能保证，还不如买美国的。"一瓢冷水当头浇下来，把梁守槃和同事们的一腔热情和无数艰辛全冲光了。虽然此路不通，但梁守槃航空救国的决心却越发坚定，"不让我搞制造，我就培养人，中国早晚会有自己的航空工业。"梁守槃重返大学，到浙江大学航空系任职。在教师岗位上，他作为教授兢兢业业、挥鞭执教，既严格要求，又循循善诱，旨在培养振兴中华的栋梁。在繁忙的教学工作中，他结合教学撰写了十余部讲义和其他论著，不仅为当时有关专业的教师、学生提供了教材和参考书，而且对从事有关专业的其他科技工作者，都有参考价值。

20世纪50年代末期，我国开始仿制从苏联引进的P-2液体近程弹道导弹。这在当时是一个全新的陌生的技术领域，梁守槃被任命为总体设计部主任，主持这一导弹仿制的总体技术工作，开展"反设计"，即按引进的P-2导弹的战术技术指标进行导弹设计，将设计计算的结果与引进的P-2导弹的数据进行比较，验证我们的理论分析、设计、计算是否正确，对有差别的地方进行分析研究,找出原因,有针对性地进行设计改进。这样的"反设计"工作,极大地锻炼和培养了我们自己的科技队伍,为独立自主地研制新型导弹奠定了基础。1960年9月,我国用自己国家生产的液氧做氧化剂成功地发射了苏制的P-2导弹。后于1960年11月5日,我国仿制的第一枚液体近程弹道导弹发射成功,从而揭开了中国导弹事业的序幕。这是我国军事装备史上的一个重要的转折点。

梁守槃在我国第一枚弹道导弹"东风一号"、第一枚自行设计的地地导弹"东风二号"、反舰导弹"中国飞鱼"等一系列导弹航天事业的开拓性工作中,都作出了他独到而重要的贡献,是我国航天技术的开拓者之一。他一生中有近60年在为新中国航天事业的腾飞和发展不懈奋斗,特别是在领导研制导弹武器方面,他呕心沥血、殚精竭虑,倾注了自己的全部智慧和满腔热情,为壮国强军的宏伟事业奉献了自己的一生。大师虽驾鹤西去,但是中国海防导弹喷出烈焰、飞掠碧海的神奇画面已永远定格在历史中,那红色的火焰就是梁守槃燃烧不息的爱国心。

第二节　中华民族伟大复兴中国梦的丰富内涵

理论学习角

实现中国梦是一场历史接力赛，当代青年要在实现民族复兴的赛道上奋勇争先。

——习近平在庆祝中国共产主义青年团成立100周年大会上的讲话

2013年3月17日，十二届全国人大一次会议在北京人民大会堂闭幕。国家主席习近平发表重要讲话。他强调，实现全面建成小康社会、建成富强民主文明和谐的社会主义现代化国家的奋斗目标，实现中华民族伟大复兴的中国梦，就是要实现国家富强、民族振兴、人民幸福[①]。

中国梦首先是强国之梦，是实现国家富强之梦。国家富强，民族振兴才有坚实的基础，人民幸福才有根本的保障。中国梦还是中华民族的伟大振兴之梦，也是中华民族觉醒和崛起之梦，中国梦所要实现的正是要让中华民族再一次屹立于世界民族之林，将自立、自强的面貌呈现给世界人民。中国梦是国家的、民族的，也是每一个中国人的。中国梦归根到底是人民的梦，必须紧紧依靠人民来实现，必须不断为人民造福。

一、中国梦的理论内涵[②]

中国梦是关于如何实现中华民族伟大复兴的战略思想，是十八大以来党

---

①十二届全国人大一次会议在京闭幕[EB/OL].（2013－03－18）[2024－06－10]. http://www.npc.gov.cn/npc/c2434/c19834/c19895/c19906/201905/t20190521_182489.html.

②中央党校中国特色社会主义理论体系研究中心.深刻把握中国梦的丰富内涵和特质[EB/OL].（2014－06－06）[2024－06－25]. http://theory.people.com.cn/n/2014/0606/c40531－25111271.html.

的理论创新的重大成果，具有丰富的理论内涵。

中国梦具有全面系统的理论架构，由多层次、多维度子系统交织而成的理论体系。它涵盖了中国特色社会主义经济建设、政治建设、文化建设、社会建设、生态文明建设、执政党建设、国防和军队建设、国家统一、外交等诸多领域和层面，融合了建设经济富国、政治大国、文化强国、军事强国、美丽中国、和谐世界等多个维度的内容。

中国梦是在科学理论指导、科学制度保障、科学方法运用的基础上探索形成的符合人类社会发展规律、社会主义建设规律、共产党执政规律的战略思想。一方面，它从实际出发，初步回答和解决了"什么是中国梦、为什么要提出中国梦、怎样实现中国梦"等一系列重大理论问题；另一方面，它将解放思想、实事求是、与时俱进、求真务实的思想精髓贯穿其中，倡导空谈误国、实干兴邦的追梦理念，将实现中国梦的过程自觉置于理论与实践、主观与客观有机统一的轨道上。

中国梦战略思想是中国特色社会主义理论体系的重要组成部分。随着我国改革开放的全面深化和广大干部群众的广泛认同，中国梦的内涵外延将不断拓展、体系架构将日益完善、作用意义将全面体现，对我们全面深化改革、实现中国式现代化具有深远的指导意义。

二、中国梦的实践内涵

中国梦是立足我国实际和现实国情、顺应人民期望，在我国全面深化改革开放、全面建成小康社会的实践过程中形成的理想追求。因此，中国梦不是一成不变的，而是动态发展的；不是坐而论道的清谈，而是需要身体力行的奋斗。

中国梦是我们自己的梦，实现中国梦也只能靠我们自己，靠我们独立自主、自力更生、艰苦奋斗，靠每个中国人为之付出热情和心血。如果我们自己不主动找出路、不自觉深挖潜力，而单纯将希望寄托于外人、外部、外力、外国，往往会事与愿违。因此，实现中国梦必须走稳中国道路、弘扬中国精神、凝聚中国力量。

中国梦不是一朝一夕可以实现的，而需要经历一个长期的历史过程。在不同的时期、背景、形势之下，中国梦呈现不同的阶段性特征。近代自中华民族陷入生死存亡的危机以来，仁人志士们发出了民族复兴的呐喊，并鼓舞带领民众为之积极行动,其场景恰如"昨夜西风凋碧树。独上高楼,望尽天涯路"。在当下的社会主义初级阶段,中国梦的展开是以建设中国特色社会主义为理想追求的,其场景恰如"衣带渐宽终不悔,为伊消得人憔悴"。在未来的社会主义高级阶段、发达阶段,中国梦的展开将以实现共产主义为最高理想追求,其场景恰如"众里寻他千百度,蓦然回首,那人却在灯火阑珊处"。

改革开放是中国梦得以提出的底气与基础,也是实现中国梦最有效的方式。一方面,没有党的十一届三中全会以来的改革开放所创造的辉煌发展业绩、所打下的坚实发展基础,我国综合国力、民族凝聚力、国际影响力就不会提升上来,我们就不能底气十足、信心满怀地面向世界提出中华民族伟大复兴的中国梦。另一方面,我们之所以能大张旗鼓、理直气壮地提出和实现中国梦,也正是因为有党的十八大和十八届三中全会关于全面深化改革的顶层设计作坚强支撑。

三、中国梦的民族内涵

中国梦既然以"中国"来命名,其民族性也就不言而喻了。中国梦是以鲜明的中华民族内涵和特质为世人所认知的。

中国梦植根于中华优秀传统文化。我国是举世闻名的文明古国,有着5000多年的文明史,在历史演进中形成了博大精深的中华传统文化。中华优秀传统文化推崇自强不息、厚德载物,同时倡导天下为公、追求天下大同。这些优秀思想为中华民族伟大复兴中国梦的建构提供了丰富养料,使中国梦与中华优秀传统文化血脉相连。

中国梦体现了中华民族整体利益,代表着全体中国人民的根本利益。中国梦既给整个中华民族明确了一个高远的奋斗目标和辉煌的未来,同时实打实地聚焦和整合了全体中国人民的利益诉求,着眼于实现广大人民群众的根本利益、确保广大人民群众从中得到实惠。中国梦不是高不可攀的,而是脚踏实地的;不是空洞无物的,而是看得见、摸得着的。

中国梦承载着中华民族的未来与希望。中华民族是一个具有悠久历史、灿烂文明的伟大民族,是一个勤劳勇敢、自强不息的伟大民族。实现中华民族伟大复兴的中国梦,展现了中华民族的光明前景。对个人而言,梦想是人活着、奋斗着的重要精神动力,失去了梦想,人们也就没有了精气神,也就失去了精彩的人生;对民族而言,梦想是自立自强的依托,失去了梦想,民族也就没有了未来。从这个意义上讲，"向下扎根、向上生长"的中国梦，承载着中华民族的未来与希望。

四、中国梦的时代内涵

中国梦是在我们党长期执政、我国面临重大发展机遇与挑战的时代背景下，在当今世界和平、发展、合作、共赢成为主流，同时充满矛盾与冲突的时代背景下提出的，具有深深的时代烙印，饱含鲜明的时代特色。

中国梦的提出是我们在努力回应前所未有的机遇和挑战。我国正处于可以大有作为的重要战略机遇期，同时处于各种矛盾和挑战的凸显期。改革开放以来特别是进入新世纪以来，我国的经济实力、综合国力、国际影响力等得到持续改善与提升，国内政治社会和谐稳定，党的领导坚强有力、党的执政卓有成效、党的自身建设成就斐然。这些都为我们把握难得发展机遇提供了有利条件。同时，我们面临来自国际国内党内党外的诸多挑战，如执政考验、改革开放考验、市场经济考验、外部环境考验等，其中外部环境考验是长期的、复杂的、严峻的。此外，精神懈怠危险、能力不足危险、脱离群众危险、消极腐败危险更加尖锐地摆在全党面前。中国梦就是在这样一个机遇与挑战并存的时代背景下被提出来的。

中国梦的提出是我们在努力占据综合国力竞争的制高点。当前，综合国力竞争日趋激烈，各国都在抢抓竞争主动权。综合国力既包括经济、科技、军事等硬实力，也包括文化、价值观等软实力。一个民族的理想信念与梦想追求是其文化软实力的重要组成部分。我国要在世界上立足并有所作为，就必须确立自己的理想追求、建构自己的远大梦想。有了自己的梦想，我们才能与其他国家形成比较，理性权衡自身的优势与不足，在世界民族之林中保持独特的中国风度、中国气派、中国精神、中国特色，努力占据综合国力竞争的制高点，谱写中华民族伟大复兴的新辉煌。

中国梦的提出是我们在努力促进不同文明的交流交融。当今时代，经济全球化、政治多极化、文化多元化深入推进，世界上不同文明的交流交融交锋日益凸显，世界各国通过世界市场、全球性问题等紧密地联系在一起。在我国为实现中华民族伟大复兴中国梦奋力前行的同时，其他国家和地区也着眼于本国、本地区的发展与未来，提出了各具特色的梦想。从这个角度说，中国梦是世界梦的有机组成部分，与其他国家和地区的梦想殊途同归，共同指向人类繁荣美好的未来。中国梦的实践与实现，将促进世界上不同文明"各美其美、美人之美"，从而为不同文明"美美与共"、天下大同作出积极贡献。

中国梦是必将实现的梦。中国共产党在诞生之初，就确立了为中国人民谋幸福、为中华民族谋复兴的初心和使命。中国共产党领导的胜利，彻底结束了旧中国半殖民地半封建社会的历史，建立了人民当家作主的中华人民共和国，实现了民族独立、人民解放，中国人民从此站起来了，中国梦的实现也就有了最根本的社会条件。

没有中国共产党，就没有新中国，更不会有中华民族的伟大复兴。新中国成立后，中国共产党团结带领中国人民投入社会主义革命建设，坚持解放思想、与时俱进，历经40多年改革开放和社会主义现代化建设，实现了经济总量跃居世界第二的历史性突破，解决了农村贫困人口的温饱问题，完成了消除绝对贫困的艰巨任务，实现了总体小康、奔向全面小康的历史性跨越，实现中国梦从此有了制度保障和物质条件。

党的十八大以来，中国特色社会主义进入新时代。以习近平同志为核心的党中央，以伟大的历史主动精神、巨大的政治勇气、强烈的责任担当，统筹国内国际两个大局，贯彻党的基本理论、基本路线、基本方略，统揽伟大斗争、伟大工程、伟大事业、伟大梦想，坚持稳中求进工作总基调，出台一系列重大方针政策，推出一系列重大举措，推进一系列重大工作，战胜一系列重大风险挑战，解决了许多长期想解决而没有解决的难题，办成了许多过去想办而没有办成的大事，推动党和国家事业取得历史性成就、发生历史性变革[1]。中国共产党和中国人民以英勇顽强的奋斗向世界庄严宣告，中华民族迎来了从站起来、富起来到强起来的伟大飞跃，实现中华民族伟大复兴进入了不可逆转的历史进程[2]！

2021年7月1日，习近平总书记在庆祝中国共产党成立100周年大会上发表重要讲话："中国共产党立志于中华民族千秋伟业，百年恰是风华正茂！回首过去，展望未来，有中国共产党的坚强领导，有全国各族人民的紧密团结，全面建成社会主义现代化强国的目标一定能够实现，中华民族伟大复兴的中国梦一定能够实现！"

①中共中央关于党的百年奋斗重大成就和历史经验的决议（全文）[EB/OL].（2021-11-16）[2024-04-12]. https://www.gov.cn/zhengce/2021-11/16/content_5651269.htm.
②习近平.习近平谈治国理政：第四卷[M].北京：外文出版社，2022.

邓景辉:以航空报国,书无悔人生①

邓景辉是我国直升机领域的领军人物,长期奋战在科研一线,37年来始终坚持"忠诚奉献、逐梦蓝天"的航空报国情怀,站在国家战略安全的高度积极谋划直升机装备和技术发展。他先后参与了直-8、直-10、直-11、直-19等我国几乎全部重大直升机型号研制,并主持成功研制我国新一代直升机,实现了我国直升机从第三代到第四代的巨大跨越,带动了我国直升机技术水平跨上新台阶,推动我军战略转型跨越,具有特别重大的战略意义,为全面振兴民族直升机产业、国防现代化建设、国家应急救援体系建设和国民经济发展作出了卓越贡献。

初心承载航空梦,创新铸就报国魂。

1986年,邓景辉从西北工业大学毕业,怀着航空报国的理想,来到了航空工业直升机所。邓景辉参加工作之初,我国还没有自行研制过直升机旋翼系统。这种与国外研制上存在的巨大差距,让初涉直升机研发的邓景辉深受触动,他更暗下决心,要创建属于中国人自己先进的旋翼,"敢为人先、挑战自我,创建直升机旋翼自主品牌"成为他科研生涯中坚守的人生信条。在邓景辉的谋划和带领下,科研团队创新突破星形柔性、球柔性等不同旋翼构型,成功研制我国首款全复合材料旋翼系统,支撑系列直升机自主发展,形成了我国现代直升机先进旋翼的设计、材料、工艺和制造研发体系,使我国旋翼技术水平迈入世界先进行列,有力促进我国直升机发展。

从事科研工作要有坚定的信仰,也需要耐得住寂寞,要有十年磨一剑的毅力,更要有勇往直前必胜的决心,邓景辉正是这样说也是这样做的。

邓景辉具有强烈的政治责任感和使命感,在型号立项之初,便立志打造一

---

① 王莹.邓景辉:以航空报国,书无悔人生[EB/OL].(2023-08-09)[2024-03-02].https://www.xuexi.cn/lgpage/detail/index.html?id=12402533309635328121&item_id=12402533309635328121.有删减。

代精品工程,做出中国人的"争气工程"。打造能上高原的直升机,必须要攻克旋翼防/除冰技术,可在当时,掌握这项技术的国家只有欧美少数几个国家。在对外合作受阻时,邓景辉告诉研发团队:"关键核心技术一定要掌握在咱们自己手中,必须立足国内全力攻克这项关键技术。"正是在这种科技自立自强精神的鼓舞下,一步一个脚印,邓景辉团队最终实现了我国旋翼防/除冰技术零的突破,并解决了电传飞控、振动主动控制等诸多直升机关键核心技术,开创了多项国内直升机研制的先河,使国产直升机真正意义上具备全域、全时及复杂气候环境下的使用能力,实现了我国直升机自主创新的历史性飞跃。这项技术也成为我国航空武器装备建设发展的重大成果。

把使命放在心上,把责任扛在肩上。如今,邓景辉把目光瞄向了高速、智能、无人、绿色新能源等未来直升机的新方向,开启了新的技术探索与研究。在他看来,只有创新才能自强、才能争先,未来要更加强调集成创新和协同创新,促进行业创新资源的"共享共用",聚焦制约直升机跨代发展的基础性、前沿性技术研究,并注重型号重大技术攻关和前沿创新。邓景辉的目标明确且坚定,就是要彻底突破我国旋翼技术发展的瓶颈,推动我国旋翼技术的快速发展;未来,将围绕新构型、智能化技术开展相关研究,彻底解决我国直升机旋翼技术短板,不断支撑新时代航空强国建设。

对直升机技术不懈追求、推动国产直升机快速发展的深厚情怀,已深深融入了邓景辉的血脉。征程万里风正劲,重任千钧再出发。梦想更近了,技术的星辰大海却是无穷无尽的。一片翼,一辈子,一生情。在技术创新与探索之路上,邓景辉步履愈发铿锵;在航空强国的逐梦之路上,邓景辉使命如初。因为在他的内心,这是值得穷尽一生去奋斗的事业,是一名科技工作者无上的荣光。

第三节　奋力实现中华民族伟大复兴

理论学习角

伟大梦想，伟大使命，广大团员青年自觉担当重任，深入基层一线，让青春在实现中华民族伟大复兴的中国梦中绽放异彩，为党和国家事业取得历史性成就、发生历史性变革贡献了青春、建立了重要功勋！

——习近平在庆祝中国共产主义青年团成立100周年大会上的讲话

一、实现中华民族伟大复兴必须坚持中国共产党的领导

"办好中国的事情，关键在党。"[①]习近平总书记在庆祝中国共产党成立100周年大会上深情回顾了我们党百年奋斗的光辉历程，明确提出："以史为鉴、开创未来，必须坚持中国共产党坚强领导。"

中华民族近代以来180多年的历史、中国共产党成立以来100多年的历史、中华人民共和国成立以来70多年的历史都充分证明，没有中国共产党，就没有新中国，就没有中华民族伟大复兴。中国共产党是国家最高政治领导力量，是实现中华民族伟大复兴的根本保证。翻开中国近现代史，不难得出这样的结论，正是因为有了中国共产党的领导，历经磨难的中华民族才迎来了从崛起、繁荣到强大的伟大跨越。没有用先进理论武装起来的领导，没有中国共产党人的舍生取义和流血牺牲，中国人民就不可能推翻帝国主义、封建主义、官僚资本主义这三座压迫在自己头顶的大山，就不可能改变中华民族被奴役、被压迫、被剥削的命运，我们的国家就无法走向团结统一、独立自主、繁荣

[①]习近平.习近平谈治国理政:第四卷[M].北京:外文出版社,2022.

富强的社会主义新时代,也不可能获得今天的国际地位。中国有了中国共产党执政,是中国、中国人民、中华民族的一大幸事。历史和实践证明,中国共产党领导中华民族伟大复兴的正确的,是必须长期坚持的,也是永远不能动摇的。

中国共产党领导是中国特色社会主义最本质的特征,是中国特色社会主义制度的最大优势,是党和国家的根本所在、命脉所在,是全国各族人民的利益所系、命运所系。这是我们党领导中国人民闹革命、搞建设、谋改革的最宝贵经验。现在,我们已经实现了第一个百年奋斗目标,正朝着全面建成社会主义现代化强国的第二个百年奋斗目标昂首阔步前进。实现中华民族伟大复兴,我们面对风云诡谲的国内外形势,面对百年未有的世界大变局,最根本的保障仍然是党的领导。只要我们坚定不移地坚持党的领导,就一定能够克服前进道路上的任何艰难险阻,就一定能够不断满足人民群众对美好生活的向往。

二、实现中华民族伟大复兴必须坚持走中国特色社会主义道路

中国特色社会主义,承载着几代中国共产党人的理想和探索,寄托着无数仁人志士的意愿和期盼,凝聚着千千万万革命先烈的奋斗和牺牲,凝聚着全国各族人民的奋斗和实践,是近代以来中国社会发展的必然选择,是历史和人民的选择。中国特色社会主义伟大实践,不仅使我们国家快速发展起来,使我国人民生活水平快速提高起来,使中华民族大踏步赶上时代前进潮流、迎来伟大复兴的光明前景,而且使中国人民和中华民族为世界和平与发展作出了重大贡献。事实证明,要发展中国、稳定中国,要全面建成小康社会、加快推进社会主义现代化,要实现中华民族伟大复兴,必须坚定不移坚持和发展中国特色社会主义。

中国特色社会主义进入新时代,以习近平同志为核心的党中央带领全党深刻把握我国社会主要矛盾变化,把人民对美好生活的向往作为奋斗目标,着力解决发展不平衡不充分问题,提出一系列新理念新思想新战略,激发党和国家事业新的生机、广大人民群众新的活力,在中华大地上全面建成小康社会,实现了第一个百年奋斗目标,正在意气风发向着全面建成社会主义现代化强国的第二个百年奋斗目标迈进。我们比历史上任何时期都更接近、更有信心

和能力实现中华民族伟大复兴的目标。要实现中国梦,我们必须坚持走中国特色社会主义道路,这条道路是中国人民经过长期艰苦探索后找到的正确道路。

三、实现中华民族伟大复兴必须弘扬伟大的中国精神

习近平在纪念中国人民抗日战争暨世界反法西斯战争胜利 75 周年座谈会上的讲话中强调,实现中华民族伟大复兴,必须坚持斗争精神。中国共产党和中国人民是在斗争中成长和壮大起来的,斗争精神贯穿于中国革命、建设、改革各个时期。我国正处于实现中华民族伟大复兴关键时期,改革发展正处在攻坚克难的重要阶段,在前进道路上,我们面临的重大斗争不会少。我们必须以越是艰险越向前的精神奋勇搏击、迎难而上[①]。中华民族是具有非凡创造力的民族,我们创造了伟大的中华文明,我们也能够继续拓展和走好适合中国国情的发展道路。全国各族人民一定要增强对中国特色社会主义的理论自信、道路自信、制度自信,坚定不移沿着正确的中国道路奋勇前进。

实现中国梦必须弘扬中国精神。中国精神就是以爱国主义为核心的民族精神,以改革创新为核心的时代精神。这种精神是凝心聚力的兴国之魂、强国之魂。爱国主义始终是把中华民族坚强团结在一起的精神力量,改革创新始终是鞭策我们在改革开放中与时俱进的精神力量。发展对象一定要认真学习和弘扬伟大的民族精神和时代精神,形成团结一心的精神纽带、自强不息的精神动力,朝气蓬勃地迈向未来。

中华传统文化博大精深,源远流长。中华民族具有一脉相承又与时俱进的精神传统,包括古人所说的"民为贵,社稷次之,君为轻""先天下之忧而忧,后天下之乐而乐""精忠报国"的爱民、爱国精神,"天行健,君子以自强不息""路漫漫其修远兮,吾将上下而求索"的奋斗精神,"人生自古谁无死,留取丹心照汗青""鞠躬尽瘁,死而后已"的献身精神等。它们集中体现了中华民族的优秀传统文化和民族精神,培育和造就了崇高的民族气节,使中华民族在世界民族之林中自立自强,也为人类历史的发展作出了贡献。

---

①习近平.在纪念中国人民抗日战争暨世界反法西斯战争胜利 75 周年座谈会上的讲话[M].北京:人民出版社,2020.

伟大的时代孕育伟大的精神,伟大的精神支撑伟大的梦想。我们党继承和发扬了中华民族优秀文化精神传统,带领中国人民赢得了新民主主义革命、社会主义建设和改革开放的伟大胜利,进而形成了井冈山精神、长征精神、南泥湾精神、延安精神、抗战精神、西柏坡精神、北大荒精神、红旗渠精神、大庆精神、雷锋精神、"两弹一星"精神、抗洪精神、抗震救灾精神、特区精神、载人航天精神等一系列彰显和反映民族精神、体现时代要求、凝聚各方力量的"精神"。它们凝结着无数先烈抛头颅、洒热血的精神意志,继承了先辈们自力更生、艰苦奋斗的光荣传统,发扬和丰富了凝心聚力的"中国精神",是引领当代中国发展进步的强大精神力量。"中国精神"是照亮实现中国梦的那一座灯塔,而我们中国共产党人就是传递这"中国精神"的"火炬手",带领着中国人民沿着中国特色社会主义道路奋勇前进,为实现"两个一百年"奋斗目标和中华民族伟大复兴的中国梦不懈拼搏。

四、实现中华民族伟大复兴必须紧紧依靠人民群众

人民是历史的创造者,是真正的英雄。信谁、靠谁、为谁,历来是历史唯物主义和历史唯心主义的分水岭,是判断马克思主义政党真伪的试金石。遵循历史唯物主义群众史观的观点,我们党提出了"全心全意为人民服务"的根本宗旨,确立了群众路线,并把它作为党的生命线和根本工作路线。

党的十八大以来,以习近平同志为核心的党中央,重申了历史唯物主义世界观,作出了中国人民是具有伟大创造精神的人民,中国人民是具有伟大奋斗精神的人民,中国人民是具有伟大团结精神的人民,中国人民是具有伟大梦想精神的人民的历史判断。中华民族伟大复兴的中国梦与最广大的人民群众利益牢牢地结合在一起,"中国梦是国家的、民族的,也是每一个中国人的。"[①]"实现中华民族伟大复兴的中国梦,必须紧紧依靠人民,充分调动最广大人民的积极性、主动性、创造性。"[②]

---

①习近平.论党的青年工作[M].北京:中央文献出版社,2022.
②习近平.习近平著作选读:第一卷[M].北京:人民出版社,2023.

杨彭基教授的故事[①]

　　杨彭基教授是中国共产党的优秀党员,中国航空教育家和现代航空工程学家,航空宇航制造工程科学奠基人,我国计算机辅助设计与制造学科的创建人,一级教授、国务院学位委员会批准的首批博士生导师,全国教育系统劳动模范,"人民教师"奖章获得者,享受政府特殊津贴。1958年他兼任西北工业大学研制的"延安一号"飞机总工艺师。他长期从事飞机设计、制造的理论研究和生产实践,培养了大批优秀的航空工程技术人才。他创建了计算机辅助设计与制造学科,培养出我国航空宇航制造工程学科第一位博士,为我国飞机设计、制造技术的发展作出了突出贡献。

　　杨彭基教授1913年出生于上海市,1931年毕业于天津南开中学,同年考入清华大学。时值"九一八"事变,日本侵略者占领我国东北三省,向华北进逼。杨彭基怀着满腔救国热忱,和清华大学学生一同奔赴南京请愿出兵抗日,去长城沿线慰劳爱国将士,并下乡宣传抗日。他深感国家危机,匹夫有责,决心走"航空救国"之路,于1933年9月去比利时列日大学学习航空工程。在那里,他学习勤奋,刻苦钻研,连年获得最高额奖学金,以优异成绩获得飞机设计工程师学位。1939年底,德国发动的战争在欧洲蔓延,杨彭基为了实现报效祖国的心愿,毅然放弃国外优越条件,想方设法回国参加抗战。

　　杨彭基回国后,不顾上海亲友的挽留,再次放弃留在上海、香港等地的优越条件,毅然奔赴抗日后方昆明。在昆明期间,为了吸收国外先进科学技术,他和留英、留德学习航空工程的同学,共同编著了《英法德华航空工程名词》词典,同时与西南联合大学航空系毕业的同学共同组成了"中国航空促进会",探讨自行设计、制造飞机。

　　新中国成立后,1952年全国高等学校进行院系调整,杨彭基任新成立的华东航空学院教授、飞机系副主任,1954年,兼任飞机工艺教研室主任,筹办新专

---

　　①陈小筑,汪劲松.西工大故事:1[M].西安:西北工业大学出版社,2013.有删减。

业。工艺专业在新中国成立前是没有的,从制订教学计划、教学大纲,编写教材到讲授新课,一直到指导学生做毕业设计、筹建工艺实验室,他与教研室教师参与了飞机工艺专业教学相关的全过程,创建了飞机工艺专业。1957年西北工业大学(以下简称西工大)成立后,杨彭基任西工大教授、飞机系副主任。1958年,拥有飞机设计、飞机工艺等专业的飞机系师生提议设计、制造飞机并将此飞机拟命名为"延安一号"。杨彭基由于始终怀有设计、制造飞机的愿望,并认为学生应当接受一定的实际锻炼,所以他支持这项提议并担任了总工艺师。1960年至1966年间,杨彭基在飞机工艺教学和实践的基础上,开始考虑如何提高我国飞机制造工艺水平和如何促进飞机制造工业发展的问题。首先,他针对当时飞机生产中普遍存在的工件间以及工件和工夹具间配合不协调的问题,研究了飞机生产中的准确度。其次,他认为我国除了要掌握苏联飞机工艺的理论和经验外,还应当吸收欧美国家的飞机制造技术,因而翻译并出版了法国 M. P. 基贝尔教授所著的《飞机与导弹制造》一书。此后,为了使飞机生产现代化,他考虑到了自动化和数控技术在飞机制造中的应用。但由于受"文革"的影响,这些正确的设想都被迫中断。

1978年党的十一届三中全会后,杨彭基感受到了科技的春天已经到来。他决心把数控技术和电子计算机技术应用于航空工业。在他的倡导下,学校建立了计算机辅助设计与制造学科,组建了该学科的研究基地,由他担任计算机辅助设计与制造研究中心主任。该基地培养了一批该学科的硕士生与博士生,他们出版、发表了大量著作与论文,开展了计算机辅助设计与制造的国际学术交流,并完成了多项重要科研任务。

他从1972年起开始创建西工大计算机辅助设计与制造(CAD/CAM)新学科。1976年,杨彭基教授带领学生在工厂对数控技术在飞机生产中的综合应用作了初步实践,于1977年发表了《飞机设计生产一体化实践报告》一文,阐述了当时我国在这一技术领域的水平,并提出了缩短我国与世界先进国家之间差距的措施。1978年,正当国内航空工厂与院校把注意力集中于计算机制图、数控加工和数控测量时,杨彭基教授又率先瞄准了图形显示器及其在飞机设计与制造中的作用,写了《光笔图形显示器及其在"一体化"中的应用》一文,编制了一套工装夹具设计应用程序,这是航空工业部第一个图形显示器应用程序,为实现计算机辅助设计开辟了道路。杨彭基教授于1982年在西北工业大学建成了航空工业部第一个以国产设备为主的交互式图形显示 CAD/CAM实验基地;1986年建立了计算机辅助设计系统;1992年又用世界银行贷款建立了更为先进的 CAD/CAM 实验室。系统和实验室的建立为培养研究生和开展科研发挥了重要作用。

经过杨彭基教授及学科组同志的努力奋斗,西工大在人才培养、实验基地建设、科学研究各方面取得成绩后,终于形成了 CAD/CAM 学科。1984 年杨彭基教授被正式任命为西工大 CAD/CAM 学科领导小组组长。1986 年学校成立了跨系的 CAD/CAM 研究中心,他任中心主任。1985 年他在《航空学报》上发表论文《计算机辅助飞行器设计与制造概况》,阐述了计算几何、交互图形显示学、数据结构和数据库、数控技术是计算机辅助设计与制造的四个基本技术基础,从而为 CAD/CAM 学科的建立提供了理论依据。1988 年,由他领导的航空宇航制造工程学科被评为国家重点学科。

紧密结合生产实际,让国家重点科研项目上水平,是杨彭基教授发展学科的一贯思想。1981 年,杨彭基教授担任了航空工业部"六五"关键课题"7760计算机辅助设计、制造与管理系统"的顾问。该软件系统于 1986 年完成,1988年获国家科技进步奖。他自 20 世纪 80 年代初就开始指导研究生利用图形显示器编制多轴数控加工程序。经过 10 年的努力,他形成了完整而实用的NPU—CAD/CAM 系统。该系统于 1992 年在国家科委组织的"全国自主版权软件"的考评中获 CAM 项第一名。其代表作"大型水轮机叶片系列几何造型及多轴数控加工图像编程系统的研究"同年获得国家科技进步奖。十多年来,他还承担了航空工业部 10 号工程计算机辅助制造关键技术等多项科研任务,为国防现代化作出了重大贡献。

杨彭基教授忠诚于党的教育事业,从事航空教育半个多世纪,桃李满天下。他治学严谨,学术造诣深厚,教学上强调理论联系实际,强调为国民经济和国防工业服务。杨彭基教授从 20 世纪 60 年代初就开始培养研究生;1982年,杨彭基教授被国务院学位委员会批准成为博士生导师,并培养出了我国第一位航空宇航制造工程博士。研究生们用 6 个字概括导师的教育思想,即"管得严、放得开"。"管得严"是要求研究生在业务上和思想品德上都要有高标准。"放得开"是要求研究生在学术思想上广开思路,百花齐放。在他严格要求下,他的研究生的科研水平得到了国家的认可。

杨彭基对博士生在政治思想上要求同样严格。每当博士生出国前,他都要对他们讲:"我对出国深造是很支持的,但是总希望学成后回国。学完后多待一段时间,取得国外的经验和技术,我也赞成,但希望最终能回来为国家出力。"

　　杨彭基教授对党和社会主义怀有深厚的感情,他常说:"党的十一届三中全会后的 20 年,是真正能做些工作的 20 年。20 年方针政策正确,创造了一个安定团结的局面,否则我个人本事再大,也没有用处。"早在"文革"前,杨彭基教授就多次向党组织递交了入党申请书。他热爱中国共产党,热爱社会主义祖国,追求党的事业。党的十一届三中全会给杨彭基教授带来了新生,更加坚定了他为党的事业贡献一生的信念,他再一次向党组织提出了入党申请,并以实际行动践行了自己对祖国航空事业的忠诚。1981 年 6 月,68 岁的杨彭基教授光荣地加入了中国共产党,实现了他平生的政治夙愿。1986 年,他被评为陕西省优秀党员;1990 年,被评为全国教育系统劳动模范。1995 年,杨彭基教授光荣退休。退休后,他仍然关注着学校的建设和发展,关注着航空科教事业的发展,继续为培养青年教师和博士生而辛勤工作,直到生命的最后一刻。

　　杨彭基教授是我国老一辈知识分子的优秀代表,他的一生,是追求光明和真理的一生,是勇于开拓、不断进取的一生。他呕心沥血六十载献身航空事业,德才双馨昭后人,堪称育人典范。

第四节　建设社会主义现代化强国

理论 学习角

从现在起，中国共产党的中心任务就是团结带领全国各族人民全面建成社会主义现代化强国、实现第二个百年奋斗目标，以中国式现代化全面推进中华民族伟大复兴。

——习近平在中国共产党第二十次全国代表大会上的讲话

一、开启建设社会主义现代化强国新征程

2016年7月，习近平总书记在宁夏考察时强调，到2020年全面建成小康社会，任何一个地区、任何一个民族都不能落下。党的十八大以来，党和国家事业取得了历史性成就，发生了历史性变革，近一亿农村贫困人口实现脱贫，提前十年实现联合国2030年可持续发展议程减贫目标，历史性地解决了绝对贫困问题，创造了人类减贫史上的奇迹。

在党的十九大报告中，习近平总书记描绘了在2020年全面建成小康社会之后向第二个百年奋斗目标进军的宏伟蓝图，宣布开启了全面建设社会主义现代化国家新征程。他指出，"我们既要全面建成小康社会、实现第一个百年奋斗目标，又要乘势而上开启全面建设社会主义现代化国家新征程，向第二个百年奋斗目标进军。"[1]他还强调，"在全面建设社会主义现代化国家、向第二个百年奋斗目标进军的新征程上，全党必须高举中国特色社会主义伟大旗帜，坚持以马克思主义中国化时代化最新成果为指导，坚定中国特色社会主义道路

---

[1]习近平.决胜全面建成小康社会 夺取新时代中国特色社会主义伟大胜利：在中国共产党第十九次全国代表大会上的报告[M].北京：人民出版社，2017.

自信、理论自信、制度自信、文化自信,坚定不移推进中华民族伟大复兴历史进程。"①

2020年10月26日至29日,中国共产党第十九届中央委员会第五次全体会议在北京举行。全会强调,全党全国各族人民要再接再厉、一鼓作气,确保如期打赢脱贫攻坚战,确保如期全面建成小康社会、实现第一个百年奋斗目标,为开启全面建设社会主义现代化国家新征程奠定坚实基础。党的十九届五中全会还审议通过了《中共中央关于制定国民经济和社会发展第十四个五年规划和二〇三五年远景目标的建议》,这是开启全面建设社会主义现代化国家新征程、向第二个百年奋斗目标进军的纲领性文件,是今后5年乃至更长时期我国经济社会发展的行动指南。

在庆祝中国共产党成立100周年大会上,习近平总书记庄严宣告:"经过全党全国各族人民持续奋斗,我们实现了第一个百年奋斗目标,在中华大地上全面建成了小康社会,历史性地解决了绝对贫困问题,正在意气风发向着全面建成社会主义现代化强国的第二个百年奋斗目标迈进。"②这一庄严宣言标志着困扰中华民族数千年的绝对贫困问题的历史性结束。中国共产党将在全面建成小康社会的基础上,在本世纪中叶带领中国人民分两步走,建设富强、民主、文明、和谐、美丽的社会主义现代化强国,推进中华民族伟大复兴的中国式现代化。

第一个阶段,从2020年到2035年,在全面建成小康社会的基础上,再奋斗15年,基本实现社会主义现代化。到那时,国家经济实力、科技实力、综合国力将大幅跃升,跻身创新型国家前列;国家治理体系和治理能力现代化水平基本实现,我国社会主义民主政治制度化、规范化、程序化更加系统完善,中国特色社会主义法治体系更加健全;社会文明程度达到新的高度,国家文化软实力显著增强,中华文化影响更加广泛深入;实现社会治理社会化、法治化、智能化、专业化,人民安居乐业、社会安定有序、社会长期稳定;现代社会治理格局基本形成,社会充满活力又和谐有序;生态环境根本好转,美丽中国目标基本实现。

第二个阶段,从2035年到本世纪中叶,在基本实现现代化的基础上,再

---

①习近平.高举中国特色社会主义伟大旗帜 奋力谱写全面建设社会主义现代化国家崭新篇章[J].党建,2022(8):4-6.

②习近平.习近平谈治国理政:第四卷[M].北京:外文出版社,2022.

奋斗 15 年,把我国建成富强民主文明和谐美丽的社会主义现代化强国。到那时,我国物质文明、政治文明、精神文明、社会文明、生态文明将全面提升,实现国家治理体系和治理能力现代化,全体人民共同富裕基本实现,我国人民将享有更加幸福安康的生活,中华民族将以更加昂扬的姿态屹立于世界民族之林。

2021 年 11 月 11 日中国共产党第十九届中央委员会第六次全体会议通过的《中共中央关于党的百年奋斗重大成就和历史经验的决议》中指出,只要我们既不走封闭僵化的老路,也不走改旗易帜的邪路,坚定不移走中国特色社会主义道路,就一定能够把我国建设成为富强民主文明和谐美丽的社会主义现代化强国。

《中共中央关于党的百年奋斗重大成就和历史经验的决议》强调,在经济建设上,要贯彻新发展理念,必须实现创新成为第一动力、协调成为内生特点、绿色成为普遍形态、开放成为必由之路、共享成为根本目的的高质量发展,推动经济发展质量变革、效率变革、动力变革。在政治建设上,要坚持党的领导、人民当家作主、依法治国有机统一,积极发展全过程人民民主,健全全面、广泛、有机衔接的人民当家作主制度体系,构建多样、畅通、有序的民主渠道,丰富民主形式,从各层次各领域扩大人民有序政治参与,使各方面制度和国家治理更好体现人民意志、保障人民权益、激发人民创造。在文化建设上,要坚持以人民为中心的工作导向,举旗帜、聚民心、育新人、兴文化、展形象,牢牢掌握意识形态工作领导权,建设具有强大凝聚力和引领力的社会主义意识形态,建设社会主义文化强国,激发全民族文化创新创造活力,更好构筑中国精神、中国价值、中国力量,巩固全党全国各族人民团结奋斗的共同思想基础。在社会建设上,要以保障和改善民生为重点加强社会建设,尽力而为、量力而行,一件事情接着一件事情办,一年接着一年干,在幼有所育、学有所教、劳有所得、病有所医、老有所养、住有所居、弱有所扶上持续用力,加强和创新社会治理,使人民获得感、幸福感、安全感更加充实、更有保障、更可持续。在生态文明建设上,要坚持绿水青山就是金山银山的理念,坚持山水林田湖草沙一体化保护和系统治理,像保护眼睛一样保护生态环境,像对待生命一样对待生态环境,更加自觉地推进绿色发展、循环发展、低碳发展,坚持走生产发展、生活富裕、生态良好的文明发展道路。

二、建设富强民主文明和谐美丽的社会主义现代化强国

2022 年 10 月 16 日至 22 日中国共产党第二十次全国代表大会在北京举行,大会的主题是高举中国特色社会主义伟大旗帜,全面贯彻新时代中国特色社会主义思想,弘扬伟大建党精神,自信自强、守正创新,踔厉奋发、勇毅前行,为全面建设社会主义现代化国家、全面推进中华民族伟大复兴而团结奋斗。大会的主题明确宣示了我们党在新征程上举什么旗、走什么路、以什么样的精神状态、朝着什么样的目标继续前进的重大问题。

习近平在《高举中国特色社会主义伟大旗帜 为全面建设社会主义现代化国家而团结奋斗》的报告中指出,"全面建成社会主义现代化强国,总的战略安排是分两步走:从二〇二〇年到二〇三五年基本实现社会主义现代化;从二〇三五年到本世纪中叶把我国建成富强民主文明和谐美丽的社会主义现代化强国。"[1]

党的二十大报告围绕基本实现社会主义现代化,从八个方面明确了到2035 年,我国发展的总体目标是:经济实力、科技实力、综合国力大幅跃升,人均国内生产总值迈上新的大台阶,达到中等发达国家水平;实现高水平科技自立自强,进入创新型国家前列;建成现代化经济体系,形成新发展格局,基本实现新型工业化、信息化、城镇化、农业现代化;基本实现国家治理体系和治理能力现代化,全过程人民民主制度更加健全,基本建成法治国家、法治政府、法治社会;建成教育强国、科技强国、人才强国、文化强国、体育强国、健康中国,国家文化软实力显著增强;人民生活更加幸福美好,居民人均可支配收入再上新台阶,中等收入群体比重明显提高,基本公共服务实现均等化,农村基本具备现代生活条件,社会保持长期稳定,人的全面发展、全体人民共同富裕取得更为明显的实质性进展;广泛形成绿色生产生活方式,碳排放达峰后稳中有降,生态环境根本好转,美丽中国目标基本实现;国家安全体系和能力全面加强,基本实现国防和军队现代化。

党的二十大报告还强调,在基本实现现代化的基础上,我们要继续奋斗,到本世纪中叶,把我国建设成为综合国力和国际影响力领先的社会主义现代化强国。

---

[1]本书编写组.党的二十大报告学习辅导百问[M].北京:党建读物出版社,2022.

三、以中国式现代化全面推进中华民族伟大复兴

中国式现代化是实现中华民族伟大复兴的康庄大道。在党的二十大报告中,习近平总书记明确提出以中国式现代化全面推进中华民族伟大复兴,这不仅为全面建设社会主义现代化国家擘画了战略蓝图,还为迈向新时代中华民族伟大复兴之路指明了前进方向。历史和实践充分证明,中国式现代化深深扎根于中国大地,符合中国实际,这条道路不仅走得通,还走得好。在新征程的起点上,只要我们坚持以中国式现代化全面推进中华民族伟大复兴,就一定能创造出新的辉煌。

纵观古今中外,一切成功发展振兴的民族,都是找到了适合自己实际的道路的民族。走自己的路,是我们党从百年奋斗中总结出的"成功秘诀",也是我们党的理论和实践的基石。现代化是全世界各国人民的共同期待,但不同国家都应该结合实际选择适合自身发展的道路。党的二十大报告指出,中国式现代化是中国共产党领导的社会主义现代化,既有各国现代化的共同特征,更有基于自己国情的中国特色。党的二十大报告概括了中国式现代化的基于我们自己国情的中国特色,即中国式现代化是人口规模巨大的现代化,是全体人民共同富裕的现代化,是物质文明和精神文明相协调的现代化,是人与自然和谐共生的现代化,是走和平发展道路的现代化。中国式现代化,是实现高质量发展,发展全过程人民民主,丰富人民精神世界,实现全体人民共同富裕,促进人与自然和谐共生,推动构建人类命运共同体,创造人类文明新形态的现代化,是对世界现代化进程的丰富和创新。

"强国建设、民族复兴的接力棒,历史地落在我们这一代人身上。"[1]习近平总书记在第十四届全国人民代表大会第一次会议上这样强调。他明确提出,在强国建设、民族复兴的新征程,我们要坚定不移推动高质量发展,要始终坚持人民至上,要更好统筹发展和安全,要扎实推进"一国两制"实践和祖国统一大业,要努力推动构建人类命运共同体。他还强调,"治国必先治党,党兴才能国强。推进强国建设,必须坚持中国共产党领导和党中央集中统一领导,切实加强党的建设。要时刻保持解决大党独有难题的清醒和坚定,勇于自我革命,

---

① 全国人民代表大会常务委员会办公厅.中华人民共和国第十四届全国人民代表大会第一次会议文件汇编[M].北京:人民出版社,2023.

第三章　请党放心　强国有我——实现中华民族伟大复兴的中国梦

77

一刻不停全面从严治党,坚定不移反对腐败,始终保持党的团结统一,确保党永远不变质、不变色、不变味,为强国建设、民族复兴提供坚强保证。"①发展对象要始终牢记习近平总书记的要求,只争朝夕、不负韶华,将个人理想与国家命运紧密相连,将个人志向与民族振兴紧密相连,坚定历史自信,坚持开拓创新,在强国建设、民族复兴的新征程上不断贡献出自己的力量。

故事 运输机

国产大飞机 C919 首飞成功背后的西工大力量
——马菲专访②

马菲,2007 年西北工业大学电子信息专业毕业。中国商飞民用飞机试飞中心试飞运行部副部长,中国自主研制的大型民用客机 C919 首飞的试飞工程师,获"中国青年五四奖章"提名奖、"全国向上向善好青年""上海市第十八届十大杰出青年""中国商飞 C919 飞机首飞一等功"等荣誉。

2021 年马菲返回母校之际,他充满感情地谈道:"离开母校西工大已整整十四年,回首这十多年的奋斗过程,母校'公诚勇毅'的校训和'三实一新'的校风,始终伴随着我、激励着我,特别是在母校学习期间养成的良好习惯和练就的过硬作风让我受益终身。

2007 年,在我大学毕业之际,听说国家要搞自己的国产大飞机,我便慕名去了中国商飞,投身于国产民机的研制工作。前辈们都说"十年磨一剑",让我万万没想到的是,在毕业十年之后,也就是 2017 年的 5 月 5 日,自己竟能作为首飞机组的一员,亲身登上飞机,见证国产大飞机 C919 首飞的历史时刻。至今首飞已经过去了四年时间,但当时激动的情景现在依然历历在目。

在 C919 首飞之前,我参与了中国第一款喷气式客机 ARJ21 飞机的试飞过程。在离家 1400 公里的试飞基地,一待就是三年时间。其间为了寻找各种特

---

① 全国人民代表大会常务委员会办公厅.中华人民共和国第十四届全国人民代表大会第一次会议文件汇编[M].北京:人民出版社,2023.

② 资料来源见《总师之路》文集,西北工业大学 2022 年编印,有删减。

殊气象和严酷条件，我跟着 ARJ21 飞机走南闯北，无论是高海拔的格尔木，还是有大侧风的嘉峪关，无论是零下四十摄氏度的海拉尔，还是零上四十摄氏度的吐鲁番，都留下了我们的足迹。甚至为了寻找自然结冰气象，我们还飞去了北美的五大湖，飞机沿着北纬四十度实现了环球飞行。哪里环境最恶劣，我们就去哪里。经过长期的奋斗与攻关，我们最终用 3000 多架次、5000 多小时的试飞数据提交了满意的答卷，ARJ21 飞机在 2014 年 12 月 30 日获得了民航局颁发的型号合格证，现在这款飞机已经累计载客运行超过 40 万人次，后续还将有更多的飞机投入航线使用。

在 C919 飞机的试飞取证攻坚战中，一批和我一样怀揣祖国航空梦的同事勇敢地与恶劣环境和试飞风险战斗着。我相信，通过我们这一代人的努力，国产大飞机终有一天会飞遍全球，成为世界上最安全、最高效、最畅销的主力机型之一。"

第四章

学习党章 加强修养

——全面学习领会党章

习近平总书记在中国共产党第十九次全国代表大会上的报告中指出，推动全党尊崇党章，增强政治意识、大局意识、核心意识、看齐意识，坚决维护党中央权威和集中统一领导，严明党的政治纪律和政治规矩，层层落实管党治党政治责任。

第一节　党章是党的总章程

理论学习角

每一个共产党员特别是领导干部都要牢固树立党章意识，更加自觉地学习党章、遵守党章、贯彻党章、维护党章，更加自觉地学习贯彻其他党内法规，用党章党规党纪约束自己的一言一行。

——习近平在中国共产党第二十届中央纪律检查委员会第二次全体会议上的讲话

一、党章是什么

习近平总书记在《认真学习党章 严格遵守党章》一文中指出："党章是党的总章程，集中体现了党的性质和宗旨、党的理论和路线方针政策、党的重要主张，规定了党的重要制度和体制机制，是全党必须共同遵守的根本行为规范。没有规矩，不成方圆。党章就是党的根本大法，是全党必须遵循的总规矩。"

1921年7月在上海召开的中国共产党第一次全国代表大会，讨论和通过了中共党史上第一部党纲《中国共产党纲领》（以下简称《纲领》）。这是党的历史上关于党的建设的第一个马克思主义的光辉文献。《纲领》共十五条，规定了党的名称、性质和纲领，提出了党的最终奋斗目标，也对党的组织章程、党的组织原则、组织机构和发展党员作了明确的规定。1922年7月在上海召开的中国共产党第二次全国代表大会，讨论和通过了《中国共产党章程》（以下简称党章）。这是中国共产党第一部比较完整的党章，共六章，二十九条。党章第一次明确提出了彻底地反对帝国主义和反对封建主义的民主革命纲领，即党的最低纲领;第一次详尽地规定了党员条件和入党手续,对党的组织原则、组织机构、党的纪律和制度,也都作了具体的规定。

现行的《中国共产党章程》由中国共产党第二十次全国代表大会部分修改,2022 年 10 月 22 日通过。党的二十大通过的党章修正案,适应全面建设社会主义现代化国家、全面推进中华民族伟大复兴的新形势新任务,充分体现党的理论创新、实践创新、制度创新和党的建设取得的新成果,充分体现党的二十大报告确立的重大理论观点和重大战略思想,对党的工作和党的建设提出新的要求,在保持总体稳定的基础上实现了党章又一次与时俱进。

二、党章的地位

习近平总书记指出:"党章就是党的根本大法,是全党必须遵循的总规矩。"

我们党的制度是从党章开始的,制度治党、依规治党首先就要依党章治党。党的二十大报告指出,要"坚持制度治党、依规治党,以党章为根本,以民主集中制为核心,完善党内法规制度体系,增强党内法规权威性和执行力,形成坚持真理、修正错误,发现问题、纠正偏差的机制"。党章作为党的百年奋斗重大成就和历史经验的结晶,为全党确立了共同的行为准绳,是全党最基本、最重要、最全面的行为规范。

党章是立党、治党、管党的总章程,是全面从严治党的总依据和总遵循,对推进党的事业、加强党的建设发挥着根本指导作用。习近平总书记指出:"全党学习贯彻党章的水平,决定着党员队伍党性修养的水平,决定着各级党组织凝聚力和战斗力的水平,决定着全面从严治党的水平。"党的十八大以来,我们党始终坚持将党章作为指导和规范党的工作、党的建设、党内活动、党员行为的根本依据,把认真学习党章、严格遵守党章贯穿于党的思想建设、组织建设、作风建设、反腐倡廉建设和制度建设的全过程和各个方面,深入推进全面从严治党,刹住了一些多年未刹住的歪风邪气,解决了许多长期没有解决的顽瘴痼疾,消除了党、国家、军队内部存在的严重隐患,管党治党宽松软状况得到根本扭转。经过 10 多年的持续努力,全面从严治党取得了历史性、开创性成就,党的自我净化、自我完善、自我革新、自我提高能力显著增强,党在革命性锻造中更加坚强有力,为全面建设社会主义现代化国家开好局、起好步提供了有力政治保障①。

党章是全体党员共同意志的集中体现,是全党团结统一、步调一致向前进的基石,具有最高的权威和最大的约束力。习近平总书记强调,要坚决维护党章权威,做党章的坚定执行者和忠实捍卫者。党章第四十六条规定了党的各级纪律检查委员会的主要任务,其中排在首位的就是"维护党的章程"。维护党章权威,就是维护全体党员的共同意志,就是维护党的权威。

三、党章的作用

党章的重要作用是由其重要地位所决定的,总结中国共产党党章建设的实践经验,党章发挥着四个方面的重要作用:第一,党章是统一全党思想的根本准则。党的力量来自全党各级组织,组织的力量来自全党上下步调一致,要达到步调一致就必须确保思想统一,而党章就是全党思想统一的根本准则。第二,党章是规范全党行为的根本遵循。党章在不断总结我们党的建设经验的基础上,经过多次的修改完善,逐步形成了一整套既具有原则指导性、又具有很强实操性的行为规范体系,确保了党的各项工作活动有序、有力、有效开展。第三,党章是调整党内关系、解决党内矛盾的根本规则。党员之间、党组织之间、党员与党组织之间的关系需要党章来调整。党章对党组织讨论决定重大问题时出现不同意见,甚至争论,党员对党的决议和政策有不同意见等情况的处理,都作出了具体规定。从这些规定可以看出,调整党内关系、解决党内矛盾的根本原则是民主集中制,基本方法是开展批评和自我批评及积极的思想斗争,主要目的是坚持真理、修正错误,巩固发展党的团结统一。第四,党章是指导全党工作的根本依据。在党的建设方面,党的二十大通过了党章修正案提出的"坚持新时代党的组织路线",使党的建设的基本要求从五项扩展为六项,这一重大修改对于推进新时代党的组织工作高质量发展,从组织上保证党的基本理论、基本路线、基本方略的贯彻实施具有重大意义,深刻认识了在新征程中推进党的建设伟大工程的规律,彰显了我们党充分发挥党的组织优势、激发全党的奋斗精神的坚强决心和历史担当。

党章具有最高的权威性,最大的约束性,最强的指导性。党的各级组织和

---

① 赵刚印. 以党章为根本,坚持制度治党、依规治党[EB/OL].(2022-10-31)[2024-04-10]. http://theory.people.com.cn/n1/2022/1031/c40531-32555583.html.

全体党员一定要牢固树立党章意识,切实尊崇党章,真正用好党章。

四、发展对象为什么要学习党章

一个同志入党的过程,其实就是一个提高觉悟的过程,就是一个不断改造自己主观世界的过程。在成为一名中国共产党党员之前必须要学习和承认中国共产党的纲领和章程。

认真学习党章、严格遵守党章,是加强党的建设的一项基础性、经常性工作,是每位党员的应尽义务和庄严责任。作为发展对象,更是要认真学习党章,学习和明确中共党员的义务和责任,进一步明确入党动机,做好思想上入党的准备。

党章是党的根本大法,只有认真研读党章,发展对象才能不断加深对中国共产党性质、特点的理解,不断强化对党的组织制度、作风纪律的认识,不断启发对中国共产党特有精神气质的领悟。从某种程度上可以说,只有读懂党章,才能真正读懂中国共产党。而读懂党章,就要全面熟悉党章的历史脉络和发展历程,就要深入学习党章的各项基本内容,从而深刻认识和把握党章的地位作用以及精神实质。只有这样,才能真正修好共产党人的"心学",切实做到以党章为镜培育"党心",以党章为尺规范"党行"。

故事 运输机

一大党纲:中共党史上第一部包含党章性质的党纲[①]

中共党史上第一部党纲全称为"中国共产党纲领",是由中国共产党第一次全国代表大会制定并通过的。1921年7月23日晚,中国共产党在上海贝勒路树德里(后称望志路106号,今兴业路76号)拉开了第一次全国代表大会的序幕。与会代表13人,代表全国50多名党员。会上,主要有四项议程:目前政

---

① 一大党纲:中共党史上第一部包含党章性质的党纲[EB/OL].(2016-04-15)[2024-03-20].https://news.12371.cn/2016/04/15/ARTI1460702496832461.shtml.

治状况、党的基本任务、党章、组织问题。关于制定党的纲领和党章，"根据希夫廖特同志（即共产国际代表马林——引者注）的建议，决定选出一个起草纲领和工作计划的委员会，给予委员会两天时间起草计划和纲领"。在推选负责起草中国共产党纲领和决议的人选时，张国焘以会议主席的身份入选。李汉俊精通外语且博览马克思主义著作，刘仁静有一定的理论素养，二人均被选入起草小组。董必武、李达也参加了起草工作。会议最后一天，代表们在嘉兴南湖的游船上讨论通过了《中国共产党纲领》（以下简称《纲领》），这是中共党史上第一个关于党的建设的马克思主义文献。这个不足 1000 字的简短纲领，共十五条，规定了党的名称、性质和纲领，提出了党的最终奋斗目标。《纲领》宣布"我党定名为'中国共产党'"；规定本党纲领是"以无产阶级革命军队推翻资产阶级，由劳动阶级重建国家，直至消灭阶级差别；采用无产阶级专政，以达到阶级斗争的目的——消灭阶级；废除资本私有制，没收一切生产资料，如机器、土地、厂房、半成品等，归社会所有；联合第三国际"。

这个《纲领》现仅有中共驻共产国际代表团档案中所存的中国共产党第一个纲领俄文版和美国哥伦比亚大学保存的陈公博硕士论文《共产主义运动在中国》附录中国共产党第一个纲领英文版，两种外文本均缺第十一条。现两种版本的《纲领》均已由中央编译局译成中文。

之所以将这部《纲领》放入党章发展史中，是因为它包含属于党章性质的一些条文，实际起到了党章的作用。如关于党员条件，规定"凡接受我党的纲领和政策，愿意忠于党，不分性别、国籍，经过一名党员介绍，均可成为我们的同志；但在加入我党之前，必须断绝同反对我党纲领之任何党派的关系"；党的组织方面，规定"不到十人的地方委员会，只设书记一人管理事务；超过十人者，应设财务委员一人、组织委员一人、宣传委员一人；超过三十人者，应组织执行委员会"；党的纪律方面，规定"在公开时机未成熟前，党的主张以至党员身份都应保守秘密"等内容。

第二节　党章的发展历程

要经常对照党章党规党纪，检视自己的理想信念和思想言行，不断掸去思想上的灰尘，永葆政治本色。

——习近平在2019年春季学期中央党校（国家行政学院）中青年干部培训班开班式上的讲话

从1921年诞生至党的二十大召开，作为党内的根本大法，党章是随着我们党的发展不断演进的，中国共产党先后制定通过了一部党纲和十九部党章文本。可以说，党章的发展历程浓缩了我们党100年来的历史，而每部党章的制定和修订，都体现着我们党对于中国革命、建设和改革的新认识。

新民主主义革命时期，党的一大制定并通过了历史上中国共产党的第一部党纲；在共产国际的直接指导和帮助下，党的二大到党的六大先后制定了五部党章，反映了当时中国革命形势和早期共产党党的建设特点；党的七大制定的党章，是共产国际解散后中国共产党独立自主制定的第一部党章，它标志着中国共产党在政治上和党的建设上的成熟。新中国成立后至今，以适应时代发展和党的建设为要求，中国共产党先后通过了十三个党章文本。党的八大党章是毛泽东思想发展的重要标志，是探索执政党建设规律的初步成果；党的十二大党章是党的建设史上最完备的一部党章，也是现行党章的蓝本；党的十三大通过的《中国共产党章程部分条文修正案》，仅对党的十二大党章部分条文作了修改；党的十四大将党的基本路线正式写入党章；党的十五大将邓小平理论作为党的指导思想写入党章；党的十六大将"三个代表"重要思想写入党章；党的十七大把科学发展观、中国特色社会主义道路、中国特色社会主义理论体系写入党章；党的十八大把科学发展观同马克思列宁主义和毛泽东思想、邓小平理论、"三个代表"重要思想一起，作为党的指导思想写入党章；党的十九大把习近平新时代中国特色社会主义思想确立为党的指导思想并写入党章；党的二十大通过的党章修正案，充实完善了习近平新时代中国特色社会主义思想的科学内涵和历史定位。

一大党纲：中国共产党第一部包含党章性质的党纲

1921年7月在上海召开（最后一天转移到嘉兴南湖举行）的中国共产党第一次全国代表大会，讨论和通过了《中国共产党纲领》，这是中共党史上第一个纲领。它虽然不是党的正式章程，但具有党章的初步体例，包含了属于党章性质的一些条文，实际起到了党章的作用。《中国共产党纲领》共十五条，规定了党的名称、性质和纲领，提出了党的最终奋斗目标。在关于党员条件中，规定"凡接受我党的纲领和政策，愿意忠于党，不分性别、国籍，经过一名党员介绍，均可成为我们的同志；但在加入我党之前，必须断绝同反对我党纲领之任何党派的关系"等。

二大党章：中国共产党第一部正式党章

1922年7月，中国共产党第二次全国代表大会在上海召开，大会讨论通过了《中国共产党章程》。这部章程是中国共产党第一部比较完整的章程，它遵循马克思主义建党学说的基本原理，借鉴俄国共产党的建设经验，以及中国共产党建党一年来工作的初步体会，规定了党内生活和党内关系的一系列原则，第一次详尽地规定了党员条件和入党手续，对党的组织原则、组织机构、党的纪律和制度也作了具体的规定，它标志着党的创立工作圆满完成。

三大党章：中国共产党第一次修正章程

中国共产党第三次全国代表大会通过的《中国共产党第一次修正章程》，是中共党史上第一次修改党章。1923年6月，中国共产党第三次全国代表大会在广州召开。与会人员38名，代表全国420多名党员。同月20日下午，大会通过了由陈独秀、毛泽东、蔡和森、张太雷、瞿秋白、马林等人参加起草的党章，即《中国共产党第一次修正章程》。党的三大把修改党章的重点放在了严格入党手续等方面，如在关于党员入党手续方面，第一次规定了新党员候补期（劳动者3个月，非劳动者6个月）；还分别规定了候补党员和正式党员的权利和义务。

四大党章：第一次将支部作为党的基本组织的党章

1925年1月在上海召开的中国共产党第四次全国代表大会，通过了《中国共产党第二次修正章程》，与三大党章相比较，四大党章仍由党员、组织、会议、纪律、经费、附则六章组成,内容从原来的三十条变为三十一条。四大党章的调整与修改十分关注党的组织建设和纪律问题。组织部分将三大党章中的"有五人以上可组织一个小组"修改为"各农村各工厂各铁路各矿山各兵营各学校等机关及其附近,凡有党员三人以上均得成立一支部",在中共党史上第一次从党章的高度明确将支部作为党的基本组织,将党的组织基础放在社会组织的最基层,在党的基层组织建设中具有重要的里程碑意义。

五大党章:唯一一部不由党的全国代表大会通过的党章

1927年4月至5月,中国共产党第五次全国代表大会在武汉召开。由于情况紧急、形势紧迫,这次会议没有专门讨论修改党章的问题,而是在党的五大通过的《组织问题决议案》中提出"根据本党自第四次大会以来党员数量激增这一事实并根据本党目前的任务,第五次大会认定必须改正并补充旧时的党章"。党的五大闭幕后不久,根据《组织问题决议案》,中共中央政治局于同年6月1日通过了《中国共产党第三次修正章程决案》,成为中共党史上唯一一部不由党的全国代表大会制定和通过的党章。

六大党章:中国共产党唯一一部在国外通过的党章

1928年6月至7月,中国共产党第六次全国代表大会在莫斯科召开,通过了《中国共产党党章》。六大党章增加党的名称、党的组织系统、党的全国代表大会、中央委员会、审查委员会、党的财政等章节,在内容上更加突出强调了共产国际的领导。增设的"名称"部分,规定党的名称为"中国共产党",强调"中国共产党为共产国际之一部分",即共产国际的支部。另外,六大党章十分重视基层党组织建设,将"支部"一章提到前面,紧随"党的组织系统",对于恢复当时被严重破坏的基层党组织和在白色恐怖条件下开展秘密工作具有重要的意义。

七大党章:民主革命时期最好的一部党章

1945年4月至6月在延安召开的中国共产党第七次全国代表大会,通过了《中国共产党党章》。七大党章共有总纲和十一章七十条内容,是我党独立自主制定的第一部党章。与六大党章相比,有些章节作了合并,同时增加"奖励与处分""党的地下组织""党的监察机关"三章。七大党章有以下几个特点:确定毛泽东思想为全党的指导思想、增设总纲部分、特别强调党的群众路线、更完善了党的民主集中制原则和制度,对扩大党内民主和实行集中统一领导作了详细规定、首次规定了党员的权利和义务,对党员提出更高的要求。

八大党章:中国共产党在全国执政后的第一部党章

1956年9月,中国共产党第八次全国代表大会在北京召开,这是我们党在全国执政后召开的第一次全国代表大会。大会的重要议题之一就是通过修改党章来规范和加强执政党的建设。邓小平作了《关于修改党章的报告》。9月26日下午，在党的八大举行的第十一次会议上，通过了修改后的《中国共产党章程》。八大党章是新中国成立以来毛泽东建党思想发展的重要标志，是探索执政党建设规律的初步成果，对探索社会主义建设规律和执政党建设规律，具有重大指导意义。

九大党章：强调以阶级斗争为纲的党章

1969年4月14日，中国共产党第九次全国代表大会通过了《中国共产党章程》，九大党章否定了八大已经明确的党的工作重点的转移和党领导实现社会主义四个现代化的任务，提出以阶级斗争为纲；在党员条件上，取消了党员权利和入党预备期，把八大党章规定的党员十项义务改为"活学活用马克思主义、列宁主义、毛泽东思想"等五项条件；在组织原则上，取消了八大党章中关于发扬党内民主，加强党的集体领导，发挥下级组织的积极性、创造性等条文。总之，九大党章是适应"以阶级斗争为纲"的"左"倾错误的需要而产生的，给党的建设带来了严重的危害。

十大党章："左"倾错误继续发展的党章

1973年8月，中国共产党第十次全国代表大会召开，出席大会代表1249人，代表了全国2800万名党员。8月28日，大会通过了《中国共产党章程》。十大党章仍为六章十二条。十大党章的修改基本上延续了九大党章关于"文化大革命"的"左"倾错误规定，某些方面的错误还有所发展。由于林彪事件的发生，十大党章删去了九大党章中有关林彪为接班人的内容。总体来说，十大党章的基本精神与九大党章一样，都是"左"倾指导思想的产物。

十一大党章：体现党"在徘徊中前进"特点的党章

1977年8月，中国共产党第十一次全国代表大会在北京召开，叶剑英在会上作了关于修改党章的报告。8月18日，大会通过了经过修改的《中国共产党章程》。这是十年内乱以后的第一部党章，分为总纲和条文（共五章十九条）两部分，在结构上恢复了七大党章将总纲和条文分开阐述的做法。但十一大党章没能从根本上纠正"左"倾错误观点，这些错误在党的十一届三中全会后才得到彻底的纠正。总体而言，十一大党章反映了党的工作在徘徊中前进的状况。

十二大党章：新时期党章的蓝本

1982年9月6日，中共第十二次全国代表大会审议通过了《中国共产党章程》。这部党章是在七大、八大党章的基础上发展、提高而写成的，也是吸取了九大、十大党章的教训并彻底清除了十一大党章中存在的"左"的错误而写成的。对于修改党章的指导思想,邓小平明确指出,修改党章是要进一步明确党在四个现代化建设中的地位和作用。执政党应该是一个什么样的党,执政党的党员应该怎样才合格,党怎样才叫善于领导。这些思想为十二大党章的制定指明了方向。

十三大党章:采用部分条文修正案形式修改的党章

1987年10月至11月中国共产党第十三次全国代表大会在北京召开,大会对党章条文作了部分修改,11月1日通过了《中国共产党章程部分条文修正案》(以下简称《修正案》),称之为十三大党章。这是中共党史上第一次采用部分条文修正案形式修改的党章。《修正案》把改革开放以来党对社会主义初级阶段的认识写进了党章,确定了党在社会主义初级阶段的基本路线。

十四大党章:贯穿建设有中国特色社会主义理论的党章

1992年10月18日,中国共产党第十四次全国代表大会通过了《中国共产党章程(修正案)》。十四大党章在总纲部分,增加了关于党的十一届三中全会以来历史进程的表述,阐明十一届三中全会以来的历史是我们党开创建设有中国特色社会主义道路并不断前进的历史。把这一段历史写入党章,反映了建设有中国特色社会主义理论的形成和发展过程。新党章把邓小平同志建设有中国特色社会主义的理论和在这个理论指导下制定的党的"一个中心、两个基本点"的基本路线及一系列方针载入党章,并对党的工作和党的建设提出了切合实际的新要求。

十五大党章:把邓小平理论作为党的指导思想写入党章

1997年9月,中国共产党第十五次全国代表大会在北京召开。9月18日,大会通过《中国共产党章程(修正案)》。这次修改党章集中在一个重大问题上,即在党章中明确规定,把邓小平理论确立为党的指导思想。修正后的党章对第三条第一款、第三十一条第二款、第三十四条第一款的文字作了相应的调整,把认真学习和掌握马克思列宁主义、毛泽东思想、邓小平理论,确定为党员必须履行的义务和党的各级领导干部必须具备的基本条件。

十六大党章:把"三个代表"重要思想作为党的指导思想写入党章

2002年11月14日,中国共产党第十六次全国代表大会通过了关于《中国共产党章程(修正案)》的决议,把"三个代表"重要思想同马克思列宁主义、毛泽东思想、邓小平理论一道确立为党必须长期坚持的指导思想。这次党章修改工作,突出了"三个代表"重要思想对新形势下党的工作和党的建设的指导作用,坚持了与时俱进和改革创新的精神,在保持党章整体框架不变的前提下,对一些内容作了适当修改或补充完善。

十七大党章:把科学发展观等战略思想写入党章

2007年10月21日,中国共产党第十七次全国代表大会审议通过了《中国共产党章程(修正案)》。十七大党章主要增加了以下几个方面的内容:一是把科学发展观等重大战略思想写入党章,并增写了中国特色社会主义道路和中国特色社会主义理论体系的内容,强调"科学发展观,是同马克思列宁主义、毛泽东思想、邓小平理论、'三个代表'重要思想既一脉相承又与时俱进的科学理论,是我国经济社会发展的重要指导方针,是发展中国特色社会主义必须坚持和贯彻的重大战略思想"。二是充实关于党的基本路线和中国特色社会主义事业布局的内容。三是充实党的建设的内容。

十八大党章:把科学发展观列入党的指导思想

2012年11月8日至14日,中国共产党第十八次全国代表大会在北京召开。11月14日,大会通过了关于《中国共产党章程(修正案)》的决议。党的十八大对党章的修改主要体现在:一是把科学发展观列入党的指导思想。二是充实完善中国特色社会主义重要成就的内容。三是充实了坚持改革开放的内容。四是充实了中国特色社会主义总体布局的内容。五是充实完善关于党的建设总体要求的内容。六是对部分条文作了适当修改。

十九大党章:确立习近平新时代中国特色社会主义思想为党的指导思想

2017年10月24日,中国共产党第十九次全国代表大会通过了关于《中国共产党章程(修正案)》的决议。十九大党章共修改107处,主要体现在:一是对改革开放以来取得一切成绩和进步的根本原因作了充实。二是对社会主义初级阶段的内容作了调整和充实,明确我国社会主要矛盾已经转化为人民日益增长的美好生活需要和不平衡不充分的发展之间的矛盾。三是对党的基本路线进行了充实和完善,将党的十八大以来习近平总书记的重要思想观点和党的十九大报告的相关提法充实进总纲有关自然段。四是在中国特色社会主义"五位一体"总体布局方面进行了充实和完善,对总纲原第十四至第十八自然段进行了充实和完善。五是对党的建设总体要求进行了调整和充实,对总纲原第二十三至第二十七自然段进行了适当修改。六是在党的领导方面进行了强调与充实。七是对党员队伍建设和党的干部工作提出了新要求。八是对党的组织制度作出了调整和完善,对各级党组织提出了新要求。九是对党的纪律、党的纪律检查机关相关内容作了调整和完善。

二十大党章:将中国特色社会主义新的时代特色写入党章

2022年10月22日,中国共产党第二十次全国代表大会通过了关于《中国共产党章程(修正案)》的决议。党的二十大通过的党章修正案,共对党章作出50处修改,主要体现在:一是将党的十九大以来习近平新时代中国特色社会主义思想新发展写入党章,在总纲第八自然段充实完善了习近平新时代中国特色社会主义思想的科学内涵和历史定位。二是总纲第九自然段后增写了关于党百年奋斗的重大成就和历史经验的内容。三是对党的奋斗目标的表述作了调整完善。四是对关于社会主义初级阶段的相关内容作了调整和充实。五是在"五位一体"总体布局方面充实了相关内容。六是对国防和军队建设、统一战线、外交工作等方面的内容作了修改。七是对党的建设总体要求作了调整充实。八是在坚持党的全面领导方面充实了相关内容。九是对党员和党的干部提出了新要求。十是对党的基层组织和党组作出了新规定。十一是对党的纪律、党的纪律检查机关两章作了调整和完善。

故事 运输机

第一部党章的守护者[①]

1922年7月,上海。闷热潮湿的夏天令人困倦,但聚在辅德里625号的12名青年却精神亢奋。他们,代表当时中国共产党的195名党员秘密参加第二次全国代表大会。自由民主的新世界,在年轻人的热情里展现。

大会起草了11份文件,其中便有首部《中国共产党章程》。拥挤的石库门里,与会者字斟句酌。8天,3次全体会议;6章、29条的党章等文件,逐条起草、讨论、修改,最后表决、通过。

1927年4月,蒋介石发动四一二反革命政变,白色恐怖笼罩着上海。

由于工作关系,有个叫张人亚的中共党员接触并保管了一批党内文件,中共二大的决议案也在其中。

[①] 了不起的它们:藏在"衣冠冢"下的党章[EB/OL].(2021-07-02)[2024-02-15].http://www.xinhuanet.com/2021-07/02/c_1127617849.htm.有删减。

他是一名清瘦的银匠,曾领导上海金银业工人运动,也曾手书心愿,希望成为"一个中国无产阶级革命的工具"。

四一二反革命政变后的一晚,宁波霞南村万籁俱寂。张人亚没打招呼地推开家中大门。父亲张爵谦看到儿子十分惊喜。张人亚却单刀直入,将一大包文件交给父亲,再三嘱咐他好好保管。

漏夜相逢,父子俩都没想到这是此生最后一面。

儿子的托付该怎么完成呢?

就这样,张爵谦编了个"不肖儿在外亡故"的故事,在镇东面为张人亚和他早逝的妻子修了一座合葬墓穴,接着用油纸裹好文件,秘藏进空棺里。

与父亲匆匆一别后,张人亚辗转上海、芜湖,继续在地下进行共产党工作。

随着中华苏维埃共和国成立,张人亚前往瑞金。在苏区,他先后担任中央工农检察委员会委员、中华苏维埃共和国出版局局长兼印刷局局长。

长年的忘我工作,让张人亚积劳成疾。1932年12月23日,张人亚病故于从瑞金去长汀检查工作的途中。此时,他只有34岁。

1933年1月7日出版的《红色中华》报上,一篇《追悼张人亚同志》的文章中这样写道:"在粉碎敌人大举进攻中徒然失掉了一个最勇敢坚决的革命战士。"

新中国成立后,寻子,成了耄耋老人张爵谦的唯一牵挂。

在报上登寻人启事、通过组织关系去找……用尽一切办法,张爵谦只想把空坟里的"秘密"亲手交还到儿子手中。

百寻无果。

儿子是共产党员,他的东西应该属于党!张爵谦把空坟里的所有文件取出,交给上海有关部门。保存完好的《中国共产党第二次全国大会决议案》,成为记录二大的孤本文献;里面的中共第一部党章,更是弥足珍贵。

虽然文件纸页已变脆泛黄,但那是历史留下的厚重印记。

第三节　学习党的二十大党章

坚持制度治党、依规治党，以党章为根本，以民主集中制为核心，完善党内法规制度体系，增强党内法规权威性和执行力，形成坚持真理、修正错误，发现问题、纠正偏差的机制。

——习近平在中国共产党第二十次全国代表大会上的讲话

学习贯彻党的二十大精神，自觉地学习党章、遵守党章、贯彻党章、维护党章，真正使党章内化于心、外化于行是每一个党员的首要任务。

一、充实完善了习近平新时代中国特色社会主义思想的科学内涵和历史定位

2022年10月22日，中国共产党第二十次全国代表大会审议并一致通过十九届中央委员会提出的《中国共产党章程（修正案）》把习近平新时代中国特色社会主义思想的科学内涵和历史定位，由"是马克思主义中国化最新成果"，改为"是当代中国马克思主义、二十一世纪马克思主义，是中华文化和中国精神的时代精华"，这一重大修改有利于全党同志准确把握习近平新时代中国特色社会主义思想的科学内涵和历史定位，深刻把握这一思想的世界意义、时代意义、历史意义。

党的十九大以来，习近平总书记以马克思主义政治家、思想家、战略家的非凡理论勇气、卓越政治智慧、强烈使命担当，对关系新时代党和国家事业发展的一系列重大理论和实践问题进行了深邃思考和科学判断，提出一系列原

创性的治国理政新理念新思想新战略,谱写了马克思主义中国化时代化新篇章①。党的十九届六中全会审议通过的《中共中央关于党的百年奋斗重大成就和历史经验的决议》对习近平新时代中国特色社会主义思想的科学内涵和历史定位作出了新概括。党的十九大将习近平新时代中国特色社会主义思想新发展写入党章,以更好反映以习近平同志为核心的党中央推进党的理论创新、实践创新、制度创新的重大贡献。

党的二十大报告指出,中国共产党为什么能,中国特色社会主义为什么好,归根到底是马克思主义行,是中国化时代化的马克思主义行。马克思主义要始终保持蓬勃生机和旺盛活力,不仅要实现中国化,回答中国之问、人民之问,而且要实现时代化,回答世界之问、时代之问。

二十大党章对十九大党章总纲第八自然段进行了充实完善,"将顺应时代发展,从理论和实践结合上系统回答了新时代坚持和发展什么样的中国特色社会主义、怎样坚持和发展中国特色社会主义这个重大时代课题,修改为坚持把马克思主义基本原理同中国具体实际相结合、同中华优秀传统文化相结合,科学回答了新时代坚持和发展什么样的中国特色社会主义、怎样坚持和发展中国特色社会主义等重大时代课题;将是马克思主义中国化最新成果,修改为是当代中国马克思主义、二十一世纪马克思主义,是中华文化和中国精神的时代精华。同时,在推动中国特色社会主义进入了新时代后,增写实现第一个百年奋斗目标,开启了实现第二个百年奋斗目标新征程的内容。做这些修改,有利于推动全党统一意志、统一行动,深入学习贯彻习近平新时代中国特色社会主义思想,更好发挥这一科学理论的根本指导作用。"②发展对象在学习党的二十大党章的过程中,必须深刻领悟"两个确立"的决定性意义,全面学习贯彻习近平新时代中国特色社会主义思想,把这一思想的精髓要义结合自身实际,应用到学习生活的方方面面。

二、把党百年奋斗的重大成就和历史经验写入党章

旗帜就是信仰,就是方向。中国共产党在百年奋斗历程中始终践行初心

---

①《二十大党章修正案学习问答》编写组.二十大党章修正案学习问答[M].北京:党建读物出版社,2022.

②《二十大党章修正案学习问答》编写组.二十大党章修正案学习问答[M].北京:党建读物出版社,2022.

使命,团结带领全国各族人民谱写了中华民族几千年历史上最恢宏的史诗,创造了伟大成就,积累了宝贵经验。

党的二十大党章在十九大党章总纲第九自然段后增写一段,作为第十自然段:"中国共产党自成立以来,始终把为中国人民谋幸福、为中华民族谋复兴作为自己的初心使命,历经百年奋斗,从根本上改变了中国人民的前途命运,开辟了实现中华民族伟大复兴的正确道路,展示了马克思主义的强大生命力,深刻影响了世界历史进程,锻造了走在时代前列的中国共产党。经过长期实践,积累了坚持党的领导、坚持人民至上、坚持理论创新、坚持独立自主、坚持中国道路、坚持胸怀天下、坚持开拓创新、坚持敢于斗争、坚持统一战线、坚持自我革命的宝贵历史经验,这是党和人民共同创造的精神财富,必须倍加珍惜、长期坚持,并在实践中不断丰富和发展。"[1]党的二十大党章在十九大党章总纲第九自然段坚定道路自信、理论自信、制度自信、文化自信后,增写发扬斗争精神,增强斗争本领的内容。党的二十大党章增写这些内容,发展对象要认真领悟、主动学习,从而不断坚定历史自信、增强历史主动,感悟共产党人的初心使命,继承共产党人的红色基因,把握新的伟大斗争的历史特点,践行当代青年的历史使命和责任担当。

三、调整完善党的奋斗目标和社会主义初级阶段的相关内容

历史方位就是国情,就是时代坐标。一部中国共产党党史就是不断适应形势任务的发展变化,及时标定历史方位的历史。在革命、建设和改革各个时期,我们党总是根据世情、国情、党情的发展变化,明确党所处的历史方位,制定党在各个时期的路线方针政策[2]。党的二十大党章将十九大党章总纲第九自然段实现"两个一百年"奋斗目标、实现中华民族伟大复兴的中国梦而奋斗,修改为实现第二个百年奋斗目标、实现中华民族伟大复兴的中国梦而奋斗。同时,二十大党章对十九大党章总纲第二十四自然段中国共产党要领导全国各族人民实现"两个一百年"奋斗目标、实现中华民族伟大复兴的中国梦的表述,作了相应修改[1]。通过深入学习这些调整的内容,发展对象可以进一步准确把

---

①《二十大党章修正案学习问答》编写组.二十大党章修正案学习问答[M].北京:党建读物出版社,2022.

②曲青山.学习贯彻党章的核心、根本、关键及实质[J].求是,2017(22):9-11.

握新时代新征程党和国家事业发展的新要求,认识和理解中国共产党聚焦实现第二个百年奋斗目标、实现中华民族伟大复兴中国梦的宏伟目标和方法路径。

根据党的十九大以来习近平总书记的重要思想观点和党的十九届四中全会决定、十九届六中全会决议的相关提法,二十大党章在十九大党章总纲第十自然段中,增写以中国式现代化全面推进中华民族伟大复兴的内容;将社会主义基本经济制度表述调整为:必须坚持和完善公有制为主体、多种所有制经济共同发展,按劳分配为主体、多种分配方式并存,社会主义市场经济体制等基本经济制度;将鼓励一部分地区和一部分人先富起来,逐步消灭贫穷,达到共同富裕,修改为鼓励一部分地区和一部分人先富起来,逐步实现全体人民共同富裕;将坚持创新、协调、绿色、开放、共享的发展理念,修改为把握新发展阶段,贯彻创新、协调、绿色、开放、共享的新发展理念,加快构建以国内大循环为主体、国内国际双循环相互促进的新发展格局,推动高质量发展;将全面建成小康社会修改为全面建设社会主义现代化国家;将经济和社会发展的战略目标调整表述为:到二〇三五年基本实现社会主义现代化,到本世纪中叶把我国建成社会主义现代化强国。二十大党章在十九大党章总纲第十二自然段中,增写充分发挥人才作为第一资源的作用的内容;将促进国民经济更高质量、更有效率、更加公平、更可持续发展,修改为促进国民经济更高质量、更有效率、更加公平、更可持续、更为安全发展[①]。针对这部分内容的修改,发展对象要深刻学习理解党中央对国内外形势的科学判断,自觉贯彻党的基本路线,努力投入到中国式现代化建设的新征程中。

四、充实调整了党的建设总体要求和党的全面领导

党的十九大以来,习近平总书记围绕新时代建设什么样的长期执政的马克思主义政党、怎样建设长期执政的马克思主义政党的重大时代课题,提出一系列重要思想和重大举措,推动全面从严治党向纵深发展,党的建设取得丰硕成果。二十大党章吸收这些新成果,对十九大党章总纲原第二十四至第二十九自然段进行了适当修改。一是增写弘扬坚持真理、坚守理想,践行初心、担

[①]《二十大党章修正案学习问答》编写组. 二十大党章修正案学习问答[M]. 北京:党建读物出版社,2022.

当使命,不怕牺牲、英勇斗争,对党忠诚、不负人民的伟大建党精神;以伟大自我革命引领伟大社会革命等内容。二是在党的建设基本要求第一项坚持党的基本路线中,增写必须提高政治判断力、政治领悟力、政治执行力,增强贯彻落实党的理论和路线方针政策的自觉性和坚定性的内容。三是在基本要求第二项坚持解放思想,实事求是,与时俱进,求真务实中,将推进马克思主义中国化修改为推进马克思主义中国化时代化。四是在第二项基本要求后增写一项坚持新时代党的组织路线的基本要求,将党的建设基本要求从五项扩展为六项。把第一项坚持党的基本路线中的培养选拔党和人民需要的好干部,从组织上保证党的基本理论、基本路线、基本方略的贯彻落实等内容纳入这项基本要求中。五是在十九大党章第五项基本要求坚持从严管党治党中,增写党的自我革命永远在路上,不断健全党内法规体系的内容;将强化管党治党主体责任和监督责任,修改为强化全面从严治党主体责任和监督责任;将构建不敢腐、不能腐、不想腐的有效机制,修改为一体推进不敢腐、不能腐、不想腐[①]。发展对象在学习这部分修订内容时,要深刻理解"勇于自我革命,从严管党治党,是我们党最鲜明的品格"这一重要论断,认真学习习近平总书记关于党的自我革命的重要思想。

党的十九大以来,习近平总书记围绕坚持党的全面领导提出了一系列新观点新思想新论断,为加强和改善党的领导提供了根本遵循。二十大党章在十九大党章总纲第二十四自然段中增写坚持和加强党的全面领导的内容,在第三十自然段中增写党是最高政治领导力量的内容。发展对象在学习这一部分内容时,要深刻理解和把握中国特色社会主义最本质的特征就是中国共产党的领导,中国特色社会主义制度的最大优势是中国共产党的领导。坚持党的领导,是当代中国的最高政治原则,是实现中华民族伟大复兴的关键所在。坚持党的领导,首先是坚持党中央权威和集中统一领导。

此外,党的二十大党章还对党的干部、国防和军队建设、统一战线、外交工作等方面的内容作了相关的修改,这有利于我们党坚持走中国特色强军之路,推动"一国两制"实践行稳致远、推进祖国统一,推动构建人类命运共同体、引领人类进步潮流。

党章是全党必须遵循的总规矩。每一名党员都要自觉学习党章、遵守党

---

①《二十大党章修正案学习问答》编写组.二十大党章修正案学习问答[M].北京:党建读物出版社,2022.

章、贯彻党章、维护党章,真正使党章内化于心、外化于行,就能汇聚起磅礴的力量。在新的伟大征程上,党的各级组织和全体党员应更加自觉地学习党章、遵守党章、贯彻党章、维护党章,为全面建成社会主义现代化强国、实现第二个百年奋斗目标,以中国式现代化全面推进中华民族伟大复兴而团结奋斗!

知识空间站

《中国共产党章程(修正案)》诞生记①

党章修改工作坚持把发扬党内民主体现在各环节各方面,是否修改、修改什么、如何修改,都充分听取各级党组织和广大党员的意见,尊重和保障党员的知情权、参与权、表达权。

从中央领导同志到各地区各部门有关负责同志,再到党的十九大代表、新选出的党的二十大代表、基层党员干部,都一同参与到党章修改工作中,使这次党章修改成为发扬党内民主的一次生动实践。

习近平总书记高度重视党章修改征求意见工作,6月上旬至8月下旬,先后亲自主持召开5场座谈会,当面听取各省区市、军队单位主要负责同志意见,同大家就党章修改问题深入进行研究。

5月27日,党中央就党章修改工作向各地区各部门下发征求意见通知。各地区各部门按照中央通知要求,精心组织座谈,广泛征求意见和建议。

一份份建议、一条条意见,汇聚到党的中枢。

6月中旬,各地区各部门先后报送了108份书面报告,一致赞成对现行党章作适当修改并保持党章总体稳定,完全赞同党中央确定的修改原则,共提出修改意见和建议1929条。

8月4日,党中央将《中国共产党章程(修正案)》征求意见稿同党的二十大报告征求意见稿一道印发各地区各部门。这次征求意见,各省区市、各中央和国家机关部门、解放军各大单位和中央军委机关各部门党员负责同志,有关国

---

①让党旗在新征程上高高飘扬:《中国共产党章程(修正案)》诞生记[J].共产党员,2022(22):50-56.有删减。

100

有重要骨干企业、金融机构和高等学校党员主要负责同志,党的十九大代表和新选出的党的二十大代表全部参加了讨论,直接参加讨论的有4700多人。

8月下旬,各地区各部门向党中央报送了108份书面报告,一致赞成党章修正案征求意见稿所作的修改;一致表示就党章修改工作多次征求意见,是党中央充分发扬党内民主的具体体现,是集中全党智慧的重大举措;一致认为党章修正案充分体现了党的十九大以来以习近平同志为核心的党中央在理论创新、实践创新、制度创新上取得的新成果,较好反映了各地区各部门比较集中的意见。修改后的党章,党的领导更加凸显、思想理论更加充实、使命目标更加明确、制度体系更加科学、管党治党更加有力。

党章修改工作是发扬党内民主的生动实践。

第五章

健康规范 增强四性

——严肃党内政治生活

习近平总书记在参加十三届全国人大五次会议内蒙古代表团审议时强调，要把严肃党内政治生活作为推动全面从严治党向纵深发展的基础性工程，加快推动党内政治生活全面回归健康规范的轨道。

第一节　严肃党内政治生活是全面从严治党的基础

理论 学习角

　　严肃党内政治生活是全面从严治党的基础。党要管党，首先要从党内政治生活管起；从严治党，首先要从党内政治生活严起。我们要加强和规范党内政治生活，严肃党的政治纪律和政治规矩，增强党内政治生活的政治性、时代性、原则性、战斗性，全面净化党内政治生态。

　　　　　　　——习近平在庆祝中国共产党成立95周年大会上的讲话

　　党的十八届六中全会指出，党要管党必须从党内政治生活管起，从严治党必须从党内政治生活严起。《关于新形势下党内政治生活的若干准则》（以下简称《准则》），深刻阐述了新形势下严肃党内政治生活的重大意义，全面阐明了严肃党内政治生活的基本要求，是对我们党要管党、治党规律的科学总结和理论升华，为全面从严治党提供了重要遵循和制度保障。

一、深刻认识严肃党内政治生活的重大意义

　　开展严肃认真的党内政治生活是马克思主义政党的本质要求，是我们党区别于其他政党的鲜明标志，也是我们党的优良传统和政治优势。

　　开展严肃认真的党内政治生活是党的历史经验的科学总结。我们党历来重视党内政治生活，在革命、建设、改革的长期实践中，我们党敢于直面问题、勇于纠正错误，具有强大的自我净化、自我完善、自我革新、自我提高能力，逐步形成了经常性地开展严肃认真的党内政治生活。在我们党的历史上，党内政治生活不正常的时期，也常常是政治路线出现错误的时期。遵义会议召开

前,"家长制"等党内政治生活方面的问题,使党和革命事业遭受严重损失。1935年遵义会议,毛泽东同志的正确意见最终被采纳,党和红军的命运发生了转折。"文革"期间,党内政治生活遭到严重破坏,党和人民的事业遭受严重挫折。党的十一届三中全会以后,我们党总结正反两方面的经验教训,于1980年制定了《关于党内政治生活的若干准则》,对促进党内的团结统一、保证改革开放和社会主义现代化建设顺利进行,发挥了十分重要的作用。历史证明,什么时候党内政治生活严肃认真,党和人民的事业就兴旺发达;什么时候党内政治生活不正常,党和人民的事业就会遭受重大挫折。

开展严肃认真的党内政治生活是解决党内突出矛盾和问题的现实需要。个别部门存在党的领导弱化、党的建设缺失、从严治党不力等现象和问题,大多与党内政治生活不严肃、政治生态受到"污染"等有密切关系。有的党组织软弱涣散、纪律松弛,对党员干部疏于思想政治教育,疏于日常管理,民主集中制执行不好,选人用人不规范,以"好人主义"挑战纪律权威,以官僚主义挑战责任担当,管党失之于"宽松软","两个责任"落实不力。有的党员"四个意识"不强,认为"组织靠不住""组织对不住自己",存在严重的自由主义和个人主义思想;有的党员存在批评上级怕穿小鞋、批评同级怕伤和气、批评下级怕丢选票、自我批评怕丢面子等问题。开展严肃认真的党内政治生活,净化党内政治生态,是我们党实现自我净化、自我完善、自我革新、自我提高的重要途径。必须抓住这个关键,我们党才能更好地凝心聚力、强身健体。

开展严肃认真的党内政治生活是赢得伟大斗争、推进伟大工程的坚强保证。我们党正在团结带领全国各族人民实现中华民族伟大复兴的中国梦,进行具有许多新的历史特点的伟大斗争,这就需要坚持以改革创新精神全面推进党建设新的伟大工程。严肃认真的党内政治生活,健康洁净的党内政治生态,是党的优良作风的土壤,是党的旺盛生机的动力源泉,是保持党的先进性纯洁性、提高党的创造力凝聚力战斗力的重要条件,是党团结带领全国各族人民完成历史使命的有力保障,是我们党区别于其他非马克思主义政党的鲜明标志[①]。党的十八大以来,以习近平同志为核心的党中央坚持全面从严治党,把严肃党内政治生活、净化党内政治生态摆在更加突出的位置来抓,不断扎紧制度笼子,党内政治生活出现了许多新气象。但是,解决党内政治生活、政治

---

①董振瑞.如何始终保持风清气正的政治生态[N].中国纪检监察报,2023-8-10(4).

生态中存在的问题绝非一朝一夕之功。只有进一步加强和规范党内政治生活，才能让党员在持续不断的党性教育和积极健康的思想斗争中，清除政治灰尘，补足精神之"钙"，确保在任何情况下政治信仰不变、政治立场不移、政治方向不偏。

二、准确把握严肃党内政治生活的基本要求

严肃党内政治生活是一篇大文章。必须以党章为根本遵循，坚持党的政治路线、思想路线、组织路线、群众路线，着力增强党内政治生活的政治性、时代性、原则性、战斗性，着力增强党自我净化、自我完善、自我革新、自我提高的能力，着力提高党的领导水平和执政水平、增强拒腐防变和抵御风险能力，着力维护党中央权威、保证党的团结统一、保持党的先进性和纯洁性，努力在全党形成又有集中又有民主、又有纪律又有自由、又有统一意志又有个人心情舒畅生动活泼的政治局面。

贯彻执行民主集中制是严肃党内政治生活的根本保障。民主集中制是我们党的根本组织原则和领导制度，是规范党内政治生活、处理党内关系的基本遵循。严肃党内政治生活，民主集中制必须坚持和完善。各级党组织和领导干部要增强贯彻落实民主集中制的自觉性，自觉做到"四个服从"，确保全党上下团结一致。坚持集体领导制度，实行集体领导和个人分工负责相结合的领导方式①。完善党委(党组)会议事规则和决策程序，既讲民主，坚决反对"一言堂""家长制"，又讲集中，防止议而不决，决而不行，要把民主基础上的集中和集中指导下的民主有机结合起来。

严明党的政治纪律和政治规矩是严肃党内政治生活的重要内容。严明党的纪律建设是党的事业取得胜利的重要条件和可靠保障。我们党是马克思主义政党，是靠革命理想和铁的纪律组织起来的，纪律严明是党的光荣传统和独特优势。党面临的形势越复杂、肩负的任务越艰巨，就越要加强纪律建设，越要维护党的团结统一，确保全党统一意志、统一行动、步调一致前进。党员干部只有认真学习党规党纪，用党的纪律和规矩严格规范自己的言行，切实把党的纪律和规矩转化为自己的行为准则，时刻警醒自己，才能在思想上筑起拒腐

---

①靳诺.严肃党内政治生活 夯实全面从严治党基础[J].求是，2017(1):28-30.

防变的铜墙铁壁。

开展积极健康的批评与自我批评是严肃党内政治生活的有效武器。开展批评与自我批评，是党内政治生活加强和规范的重要手段。中国共产党之所以能够历经挫折、不断攻坚克难，就在于开展批评与自我批评方面具有始终如一的优良作风，就在于有坚持真理、修正错误的巨大勇气。开展批评和自我批评，要坚持党的思想路线，坚持"团结—批评—团结"和"惩前毖后、治病救人"的方针，讲真理不讲面子。既要防止批评的主观武断，又要杜绝庸俗化的批评之风。批评要言之有据，不歪曲事实，目的是帮助同志，增进团结，促进工作。不发泄私愤，不搞无原则纷争。自我批评要动真格，敢于"揭短亮丑"，不遮遮掩掩，不文过饰非。领导干部要以身作则、率先垂范，带头谏言、敢于直言。

增强党性原则基础上的团结是严肃党内政治生活的关键目标。团结出凝聚力、出战斗力。我们追求的团结，是在坚持党性原则的基础上的团结。党组织在团结上之所以会出现这样那样的问题，根源在于少数党员干部党性不强，私心作怪。增进团结，就要在增强党性上下功夫，坚定理想信念，牢记党的性质和宗旨，牢记党对干部的要求，做到讲党性，顾大局，守纪律。要像爱护自己的眼睛一样，用真心去维护团结。团结不是一团和气，不是"你好我好大家好"。发现问题要指出来、解决好，违反原则的要坚决纠正。增强团结，就要坚决维护党中央权威，坚决维护党中央集中统一领导，自觉在思想上政治上行动上同以习近平同志为核心的党中央保持高度一致。

开好民主生活会是严肃党内政治生活的重要途径。党的组织生活是党内政治生活的重要内容和载体，如"三会一课"、主题党日活动、双重组织生活、警示教育、党性定期分析、民主评议等，都要真正坚持下去，严格把关。严肃组织生活，重在开好民主生活会。民主生活会是化解党内矛盾、增进党内团结的有效方法。民主生活会要坚持政治性、思想性、原则性，紧密联系实际，把解决贯彻执行党的路线方针政策方面的倾向性问题、突出矛盾和党风方面的问题作为主要内容，真正入脑入心、敞开心扉、交流思想、提高认识、增进团结。

发展对象是人才培养的摇篮、社会发展的基石、党的事业的继承人，要带头遵守党内政治生活规范，争做"讲政治、讲规矩、讲道德、讲奉献、有信念、有纪律、有品行、有作为"的合格党员。

从红军战士到西北工业大学党委书记
——刘海滨[①]

在烽火连天的战争年代,他英勇顽强、九死一生,历经五次反"围剿"战斗、二万五千里长征……

在热火朝天的建设年代,他放下战功荣耀,投身党和国家的教育事业,坚守为党育人、为国育才……

他对党无限忠诚、对革命不怕牺牲、对工作忘我奉献,用一生践行共产党人的初心与使命……

他,就是西北工业大学第一任党委书记刘海滨。

刘海滨,1908年出生于江西省吉安县。在1927年大革命失败的危急时刻,19岁的刘海滨毅然参加了地下党领导的农民运动,两年后加入中国工农红军并入了党。

1930年至1934年,刘海滨在江西中央苏区参加了五次反"围剿"战斗,因作战英勇,很快便从一名普通战士成长为团政委,长征开始时,他已经是红一军团的师级干部。1934年10月,他随中央红军参加长征,1935年到达陕北。1936年,他在甘肃曲子城战斗中负伤截肢,之后调到地方工作。此后,历任陕甘宁边区保安处副处长、延安卫戍区副司令员、西北野战军后勤兵站部部长、西北军区后勤部政委等。

新中国成立后,刘海滨任西北军政委员会财委副主任并兼任第二机械工业部西北办事处主任,负责筹建苏联帮助建设的西北地区14项国防工业重点工程。1955年后,周恩来总理要抽调一批公安干部到大学担任党委书记,1956年2月刘海滨被调到西北工学院,任院长兼党委书记。

刘海滨一生战功赫赫,他却很少谈及自己的功绩,他说:"我是幸运的。我

---

① 黄迪民,付怡,员智凯.刘海滨:从红军战士到西工大党委书记[J].陕西教育(综合版),2021(05):57-62.有删减。

们那个村子和我前后参加红军的十几个人,现在活着的包括我,只剩下两个人了,那一个还是很早离开部队回家当了农民。"

刘海滨战斗负伤失去右腿时仅仅28岁,又因战时条件受限,在极其艰苦的条件下经历了三次截肢,此后一生中他的右腿创面经常肿胀发炎,行动极为不便,但当他晚年回忆起那段经历时,让他津津乐道的却是:"那一仗我们胜利了!'野骡子'(敌师长绰号)被俘,他和我住在同一家医院,还特地来看我,表示对红军的佩服。"言谈轻描淡写,内涵重如千钧!

这就是老一辈革命家和老一代共产党人坚定的理想信念和坚强的革命意志!

这就是支撑着我们党一次次绝境重生,愈挫愈勇,最后取得胜利、创造奇迹的力量!

1957年10月,国务院决定将西北工学院与西安航空学院合并成立西北工业大学,刘海滨担任西北工业大学首任党委书记。1983年5月,刘海滨任陕西省第五届人大常委会副主任、党组成员。他还是中共八大代表、第五届全国政协委员。

他从不计较个人待遇,不向组织提出个人的特殊要求,不利用职权为亲属子女谋取任何利益。

从1957年9月底,他入住西北工业大学北村3号楼的一个单元房,直到1994年12月去世,全家人(他和夫人以及三个子女)在这套建筑面积90平方米的房子里住了近40年。其间,学校多次想给他提供更好的住宿。他坚决不去。他说:"学校现在缺钱也缺地皮,大家住房都很困难,我一个人住那儿像什么样子。这件事到此为止,以后不要再提!"此后多年,因家里没有条件,他都由儿子陪同在学校公共大澡堂里洗澡。

据老同志回忆,一次,刘海滨的大儿媳李恒陪同几位部队离休老同志去看他,他在学校宾馆招待客人吃饭后,第二天架着双拐亲自到宾馆,说服后勤领导,坚持按标准付了款。

还有一次,他去医院看病,当时看病的人很多,他架着双拐排在队伍后面,值班医生几次招呼他上前先看,他坚持让前面的师生们先看,可排在前面的师生们又让他先看。相持中,他怕医生为难,干脆架着双拐离开了。

1990年,刘海滨虽已82岁且患有眼疾,但仍坚持参加党支部组织的学习活动,异常艰难地亲笔写了六千多字的个人总结,回顾了他63年的革命历程,使与会的党员干部深受教育。

"如何加强党的建设?"刘海滨一生都在关注这个问题。早在 1960 年 2 月中国共产党西北工业大学第二次代表大会上,刘海滨便明确指出,加强党的领导,是一切工作取得胜利的根本保证,必须把党的领导深入到各项实际工作,特别是要深入教学、科研、建设等工作中去,在一切工作中坚持政治挂帅,把红旗插遍全校各个角落,保证党的路线、方针、政策,在各方面工作中都得到切实贯彻。

"培养什么人,怎样培养人,为谁培养人?"他也给出了明确回答。

"我校 8 年建设的总方针和总任务应该是:多快好省地为国家培养具有坚定的无产阶级立场的、高度的马克思列宁主义觉悟程度的、敢想敢说敢干的共产主义风格的、无限忠于社会主义事业的、又红又专的国防工业建设人才。"

1994 年 12 月 9 日,刘海滨在西北工业大学逝世,走完了他艰苦奋斗、廉洁自律的一生。

2008 年,正值建校 70 周年(以官网公布 1938 年创办计算),学校在诚字楼前树立起刘海滨铜像,此后每逢清明节,师生校友都会在铜像前自发悼念,讲述红色故事,传承红色基因,让红色脉络扎根延展,信仰之火生生不息⋯⋯

第二节　关于新形势下党内政治生活的若干准则

理论 学习角

要贯彻落实新形势下党内政治生活的若干准则,让党员、干部在党内政治生活中经常接受政治体检,打扫政治灰尘,净化政治灵魂,增强政治免疫力。

——习近平在主持十九届中央政治局第六次集体学习时的讲话

办好中国的事情,关键在党,关键在党要管党、从严治党。党要管党必须从党内政治生活管起,从严治党必须从党内政治生活严起。开展严肃认真的党内政治生活,是我们党的优良传统和政治优势。在长期实践中,我们党坚持把开展严肃认真的党内政治生活作为党的建设重要任务来抓,形成了以实事求是、理论联系实际、密切联系群众、批评和自我批评、民主集中制、严明党的纪律等为主要内容的党内政治生活基本规范,为巩固党的团结和集中统一、保持党的先进性和纯洁性、增强党的生机活力积累了丰富经验,为保证完成党在各个历史时期中心任务发挥了重要作用①。党的十八届六中全会通过《关于新形势下党内政治生活的若干准则》,针对党内存在的突出问题,从十二个方面对严肃党内政治生活做出规定,其主要内容如下。

一、坚定理想信念

共产主义远大理想和中国特色社会主义共同理想,是中国共产党人的精

---

①曲青山.坚定维护党中央权威和集中统一领导[J].党建研究.2023(5):45-48.

神支柱和政治灵魂,也是保持党的团结统一的思想基础①。思想政治建设必须高度重视,把坚定理想信念作为开展党内政治生活的首要任务。

理想信念动摇是最危险的动摇,理想信念滑坡是最危险的滑坡。全党同志必须把对马克思主义的信仰、对社会主义和共产主义的信念作为毕生追求,在改造客观世界的同时不断改造主观世界,解决好世界观、人生观、价值观这个"总开关"问题,不断增强政治定力,自觉成为共产主义远大理想和中国特色社会主义共同理想的坚定信仰者和忠实实践者;必须坚定对中国特色社会主义的道路自信、理论自信、制度自信、文化自信。

二、坚持党的基本路线

党在社会主义初级阶段的基本路线是党和国家的生命线,是人民的幸福线,也是党内政治生活正常开展的根本保证②。必须全面贯彻执行党的基本路线,把以经济建设为中心同坚持四项基本原则、坚持改革开放这两个基本点统一于中国特色社会主义伟大实践,任何时候都不能有丝毫偏离和动摇。

全党必须聚精会神抓好发展这个党执政兴国的第一要务。坚持四项基本原则,根本是坚持党的领导,坚持中国特色社会主义道路、中国特色社会主义理论体系、中国特色社会主义制度、中国特色社会主义文化。我们一定要勇于创新,坚定不移地把对外开放的基本国策落到实处。必须把坚持党的思想路线贯穿于执行党的基本路线全过程,在实践中检验和发展真理,不断推进马克思主义中国化。

三、坚决维护党中央权威

坚决维护党中央权威,确保全党令行禁止,是党和国家前途命运所系,是全国各族人民的根本利益所在,也是党内政治生活得到加强和规范的重要目的③。坚持党的领导,首先是坚持集中统一的党中央领导。一个国家,一个政党,领导核心必不可少。全党一定要牢固树立政治意识、大局意识、核心意识、

---

①关于新形势下党内政治生活的若干准则[M].北京:中国方正出版社,2016.
②关于新形势下党内政治生活的若干准则[M].北京:中国方正出版社,2016.
③曲青山.坚定维护党中央权威和集中统一领导[J].党建研究,2023(5):45-48.

看齐意识,在思想上政治上行动上自觉同党中央保持高度一致。

事关全党全国的大政方针问题,只有党中央才有决策和解释的权力。各部门、地方党组织和党员领导干部可以向党中央提出建议,但不能擅自拍板,也不能对外张扬。对党中央作出的决议和制定的方针政策有不同意见的,在坚决贯彻执行的前提下,可以向党组织提出保留意见,也可以按组织程序把自己的意见向党的上级组织直至中央提出。

四、严明党的政治纪律

纪律严明是全党统一意志、统一行动、步调一致向前进的重要保障,是党内政治生活的重要内容。要严明党的纪律,把纪律挺在前面,以铁的纪律严格要求自己。要坚持纪律面前一律平等,遵守纪律没有特权,执行纪律没有例外,绝不允许有不受纪律约束的特殊组织和特殊党员在党内活动。

政治纪律是党最根本、最重要的纪律,遵守党的政治纪律是遵守党的全部纪律的基础①。党员不得传播与党的理论和路线方针政策相违背的言论,不得公开发表与党中央决定相违背的言论,不得制造、传播政治谣言及丑化党和国家形象的言论。党员不得搞封建迷信,不得信仰宗教,不得参与邪教,不得纵容和支持宗教极端势力、分裂势力、恐怖势力及其活动。

党的各级组织和全体党员一定要对党忠诚老实、光明磊落,说老实话、办老实事、做老实人,如实向党反映和报告情况;反对搞两面派、做“两面人”;反对弄虚作假、虚报浮夸;反对隐瞒实情、报喜不报忧。领导干部不得纵容、唆使、暗示或强迫下级以任何理由和名义说假话。党内不得搞拉拉扯扯、吹吹拍拍、溜须拍马。对领导的宣传要实事求是、严禁吹捧。党的各级组织必须担负起执行和维护政治规矩的责任,坚决防止和纠正执行纪律“宽松软”的问题。

五、保持党同人民群众的血肉联系

人民立场是党的根本政治立场,人民群众是党的力量源泉。我们党是人民出来的,失去了人民的支持和拥护,党也就失去了根基。必须把坚持全心全意为人民服务的根本宗旨,保持党同人民群众的血肉联系,作为加强和规范党

①关于新形势下党内政治生活的若干准则[M].北京:中国方正出版社,2016.

113

内政治生活的根本要求[①]。

全党必须牢固树立人民群众是历史创造者、站稳群众立场、增进群众感情的历史唯物主义观点。党的各级组织、全体党员特别是各级领导干部要把党的群众路线落到实处,做到一切为了群众、一切依靠群众,从群众中来、到群众中去,切实为群众办实事、解难事,当好人民的公仆。坚持问政于民、问需于民、问计于民,决不允许在群众面前自以为是、颐指气使,决不允许当官做主、置群众疾苦于不顾,更不允许对群众的欺压、损害、侵占。要改进和创新联系群众的方法,建立健全民意调查等制度,利用传统媒体和互联网等各种渠道了解社情民意,倾听群众呼声,密切党群干群关系,做到对上与对下负责相一致,把实现好、维护好、发展好最广大人民群众的根本利益作为工作重点。

全党必须坚决反对形式主义、官僚主义、享乐主义和奢靡之风,领导干部特别是高级干部要率先垂范。反对形式主义,重在解决作风漂浮、工作不实、文山会海、表面文章,以及贪图虚名、弄虚作假等方面的问题。反对官僚主义,重在解决脱离群众,消极应付,推诿扯皮,作风霸道,迷恋特权等问题。反对享乐主义,重在解决追名逐利和贪图享乐,讲究排场和玩物丧志等问题。反对奢靡之风,重在解决铺张浪费、挥霍无度、骄奢淫逸、腐化堕落等问题。要坚持抓常、抓细、抓长,尤其要防止和查处各种隐形的"四风"问题,把落实中央八项规定精神常态化、长效化。

六、坚持民主集中制原则

民主集中制是党的根本组织原则,是正常开展党内政治生活的重要制度保证。坚持集体领导制度,实行集体领导与个人分工负责相结合,是民主集中制的重要内容,必须始终坚持,任何组织和个人在任何情况下都不允许以任何理由违反这项制度。

各级党委(党组)必须坚持集体领导制度,凡属重大事项,都要按照集体领导、民主集中、个别酝酿、会议决定的原则,由党委及其常委会(或党组)集体讨论决定,少数服从多数,不得以其他形式代替领导;领导班子成员必须增强全局观念和责任意识,在研究工作时要充分发表意见,形成决策后要一抓到底,

---

①张瑞.改革开放以来党内政治生活准则的演进:基于新旧《准则》的文本比较研究[J].当代世界社会主义问题,2020(2):50-56.

不能违背集体决策自作主张,自行其是;党委(党组)主要同志一定要发扬民主,善于集中,敢于担责,在研究讨论问题时要以班子中平等一员的身份自居,充分发扬民主,严格按规矩办事,注意听取不同意见,对少数人的意见要正确对待,不能搞"一言堂",不能搞家长制;领导班子成员必须坚决执行党组织的决定,有不同意见的,可以保留或向上一级党组织提出,但在上级或同级党组织作出变更决定前,除执行决定会立即引起严重后果等紧急情况外,必须无条件执行已作出的决定。

七、发扬党内民主和保障党员权利

党内民主是党的生命所在,是积极健康发展党内政治生活的重要基础。要坚持和完善党内民主的各项制度,提高党内民主质量,在党内决策、执行、监督等各项工作中,都必须贯彻党章党规确定的民主程序,任何党组织和个人不得在党内压制民主,不得在党内破坏民主。中央委员会、非中央政治局、中央政治局常务委员会和党的各级委员会作出重大决策部署,都要深入调查研究,广泛听取各方面意见建议,集中智慧和力量,做到科学决策依法决策。必须尊重党员的主体地位,保障党员的民主权利,落实党员的知情权、参与权、选举权、监督权,保证全体党员平等享有党章规定的党员权利,履行党章规定的党员义务,坚持党内民主平等的同志关系,任何党组织和党员不得侵犯党员的民主权利。畅通党员参政议政途径,拓宽党员意见表达渠道,营造民主议政的党内政治氛围。党员有权向党负责地揭发、检举党的任何组织和任何党员违法违纪的事实,提倡实名举报。

八、坚持正确选人用人导向

坚持正确的选人用人导向,是进行严肃认真生活的组织保障。一定要严格标准,健全制度,完善政策,规范程序,使选出的干部组织放心,群众满意,干部心悦诚服。选拔任用干部必须坚持党章规定的干部条件,坚持德才兼备、以德为先,坚持天南地北、任人唯贤,坚持信念坚定、为民服务、勤政务实、敢于担当、清正廉洁的好干部标准。把公道正派作为干部工作的核心理念贯穿于选人用人的全过程,做到对干部公平对待、对干部公平评价、对干部公正使用。选人用人必须强化党组织的领导把关作用,把干部选拔任用工作纪实制度落到实处,确保每个环节都规范运转。组织部门要严格按政策、原则、制度办事,实事求是地对干部进行考察评价,敢于为干部说公道话,敢于抵制选人用人上的不正之风,在选人用人上坚持能者上、庸者下、劣者淘汰的导向。强化选人用人监督问责,严肃追究用人失察失误的责任。

党的各级组织一定要自觉防止和纠正用人上的不正之风。党的各级组织要旗帜鲜明为敢于担当的干部担当,为敢于负责的干部负责。坚决禁止跑官买官、拉票贿选等行为,坚决禁止向党伸手要职务、要名誉、要待遇的行为,坚决禁止向党组织讲价、对组织决定不服从的行为。不准任何人视党的干部为私有财产,不准在党内搞人身依附关系。规范和纯洁党内同志交往,领导干部对党员不能颐指气使,党员对领导干部不能阿谀奉承。建立容错纠错机制,对干部在工作中尤其是改革创新中出现的失误,要宽容对待。

九、严格党的组织生活制度

党的组织生活是党内政治生活的重要内容和载体,是党组织教育、管理和监督党员的重要形式。必须坚持党内组织生活的各项制度,创新方式方法,增强党内组织生活的生机活力。

全体党员干部特别是高级干部一定要强化党的意识,时刻牢记自己是党员的第一身份。任何一名党员都不可能游离于党组织之外,更不可能凌驾于党组织之上。每一名党员不论职务高低,都要参加党内组织生活。党组织要严格执行组织生活制度,确保党的组织生活经常、认真、严肃。

坚持"三会一课"制度,坚持民主生活会和组织生活会制度,坚持谈心谈话制度,坚持民主评议党员工作。领导干部一定要增强组织观念。工作中的重大事项和个人有关事项,必须按程序上报组织请示。

十、开展批评和自我批评

批评和自我批评是我们党强身健体的利器,也是加强和规范党内政治生活的重要手段。要坚持不懈地用好批评和自我批评这个武器。

批评和自我批评必须坚持实事求是,讲党性不讲私情、讲真理不讲面子,坚持"团结—批评—团结",按照"照镜子、正衣冠、洗洗澡、治治病"的要求,严肃认真地提出意见,满腔热情地帮助同志,决不能把自我批评变成自我表扬、把相互批评变成相互吹捧。

党员干部一定要严格自我解剖,对查找出来的问题要深刻剖析原因,认真整改,对待批评要有则改之、无则加勉,不能搞无原则的争执;党的领导机关和领导干部对各种不同意见都必须听取,鼓励下级反映真实情况;党内工作会议的报告、讲话和各种工作总结,上级机关和领导干部检查指导工作,既要谈谈体会,也要谈谈不足;不仅要注意解决问题,更要从问题中反思自己的工作,反思自己的领导责任。领导干部特别是高级干部必须带头谏言、敢于直言,以批评与自我批评的示范行动引导党员、干部打消自我批评怕丢面子、批评上级怕穿小鞋、批评同级怕伤和气、批评下级怕丢选票等思想顾虑,把发现和解决自身问题的能力作为领导班子考核评价的重要依据。

十一、加强对权力运行的制约和监督

监督是权力正确运行的根本保障,是党内政治生活加强和规范的重要措施。必须加强对领导干部的监督,不出现不受约束的权力,也不出现不受监督的特殊党员。要健全权力运行制约和监督机制,形成有权必有责、用权必担责、滥权必追责的制度安排。党的各级组织和领导干部一定要在宪法和法律规定的范围内活动,决不能以言代法,以权压法,徇私枉法。对涉及违纪违法问题的举报,对党员反映的问题,任何党组织和领导干部不得隐瞒不报、拖延不办、姑息迁就。涉及反映问题的领导干部要回避,不得干预、插手组织查办。

十二、保持清正廉洁的政治本色

建设廉洁政治,坚决反对腐败,是加强和规范党内政治生活的重要任务。必须筑牢拒腐防变的思想防线,着力构建一体推进不敢腐、不能腐、不想腐的机制,保持队伍的纯洁性。领导干部特别是高级干部必须带头践行社会主义核心价值观,讲修养、讲道德、讲诚信、讲廉耻。各级领导干部是人民的公仆,没有搞特殊化的权利,要带头执行廉洁自律准则,自觉同特权思想和特权现象作斗争,注重家庭、家教、家风,教育管理好亲属和身边的工作人员。禁止利用职权或影响力为家庭成员或亲友谋取特殊照顾,禁止领导干部家庭成员或亲友在领导干部职权范围内干预人事安排工作。要坚持有腐必反、有贪必肃,坚持无禁区、全覆盖、零容忍,决不允许腐败分子在党内有藏身之地、逍遥法外。

踏上全面从严治党新征程①

2016 年 10 月 27 日，中国共产党第十八届中央委员会第六次全体会议胜利闭幕。全会聚焦全面从严治党，围绕加强和规范党内政治生活、加强党内监督，出台规范性文件，进行战略部署，以一系列新观点新论断新要求新规定，为全面从严治党、深入推进党的建设新的伟大工程提供了行动指南。

全会旗帜鲜明提出，坚决维护党中央权威、保证全党令行禁止，是党和国家前途命运所系，是全国各族人民根本利益所在，也是加强和规范党内政治生活的重要目的。全会明确习近平总书记是党中央的核心、全党的核心，正式提出"以习近平同志为核心的党中央"。这对维护党中央权威、维护党的团结和集中统一领导，对全党全军全国各族人民更好凝聚力量抓住机遇、战胜挑战，对全党团结一心、不忘初心、继续前进，对保证党和国家兴旺发达、长治久安，具有十分重大而深远的意义。

《关于新形势下党内政治生活的若干准则》（以下简称《准则》）和《中国共产党党内监督条例》（以下简称《条例》），是全会的重要成果。两个党内法规的制定出台，是全面从严治党一次广泛而深入的思想动员和组织动员，是对党的十八大以来全面从严治党理论和实践的系统总结，是着眼解决新形势下党内突出问题而进行的重要顶层设计，是对马克思主义建党理论和实践的创新发展。全党全社会普遍认为，两个党内法规是我们党在管党治党中具有里程碑意义的新篇章。

着眼全局，面向未来，开辟党中央治国理政新境界。

中国，这个拥有 13 亿多人口的大国，能够创造出一个又一个发展奇迹，有何秘诀？

---

① 踏上全面从严治党新征程：《关于新形势下党内政治生活的若干准则》和《中国共产党党内监督条例》诞生记［EB/OL］.（2016－11－03）［2024－02－11］. https://www.ccdi.gov.cn/toutiaon/201611/t20161103_91829.html. 有删减。

"办好中国的事情，关键在党，关键在党要管党、从严治党。"这是一条经过实践检验的真理。

全面从严治党，可以说是历史交给当代中国共产党人的重大课题，是广大人民群众对主心骨的热切期盼，是我们党勇立时代潮头的坚定自觉。

这是党中央着眼党和国家兴旺发达、长治久安作出的历史性决定——

党的十八届六中全会公报正式提出"以习近平同志为核心的党中央"。当全会公报获得一致通过时，会场响起热烈的掌声。

这掌声，反映了中央委员会的一致愿望；

这掌声，表达了全党全军全国各族人民的共同心声；

这掌声，昭示出中国共产党带领中华民族走向伟大复兴的坚定信心。

一个国家、一个政党，领导核心至关重要。

党的十八大以来，以习近平同志为核心的党中央带领全党全军全国各族人民，开创了中国特色社会主义伟大事业新局面，在改革发展稳定、内政外交国防、治党治国治军等方面取得了一系列具有重大现实意义和深远历史意义的成就，实现了党和国家事业继往开来。

党的十八大以来，以习近平同志为核心的党中央身体力行、率先垂范，坚定推进全面从严治党，坚持思想建党和制度治党紧密结合，集中整饬党风，严厉惩治腐败，净化党内政治生态，党内政治生活展现新气象，赢得了党心民心。

在这个波澜壮阔的进程中，习近平总书记作为党的领袖，显示了高超的政治智慧、卓越的领导能力、深厚的为民情怀，在全党全军全国各族人民中享有崇高威望，受到衷心爱戴和拥护。明确习近平总书记的核心地位，水到渠成，顺理成章，名副其实。

全会期间，与会同志在分组讨论中纷纷提议、一致拥护、高度赞同。

"站在新的历史起点、肩负新的历史使命，确立习近平同志党中央的核心、全党的核心地位，是实践的选择、历史的选择，是全党的选择、人民的选择，是党心所向、人心所向。"中央委员们这样说。

这是党中央根据"四个全面"战略布局对中央全会议题作出的整体设计——

六中全会闭幕后，有外电评论："四个全面"战略布局将中共管党治党提升到了国家发展战略的新高度；这次全会对全面从严治党作出新部署，巩固了"四个全面"战略布局治国理政总方略的地位。

四年前，习近平总书记履新伊始，就把党要管党、从严治党放在更加突出的位置。"打铁还需自身硬",他用通俗易懂的语言,向人民作出庄严承诺。

两年前,在江苏考察时,习近平总书记强调,全面从严治党是推进党的建设新的伟大工程的必然要求。在"从严治党"之前加上"全面"两字,展现出党中央的远见卓识和使命担当,也完整勾画出"四个全面"战略布局。

协调推进"四个全面"战略布局,是党的十八大以来党中央从实现"两个一百年"奋斗目标、实现中华民族伟大复兴的中国梦的战略高度,统筹国内国际两个大局,把握我国发展新特征确定的治国理政新方略,是新的时代条件下推进改革开放和社会主义现代化建设、坚持和发展中国特色社会主义的战略抉择。

几年来,党的十八届三中、四中、五中全会相继就全面深化改革、全面依法治国、全面建成小康社会进行了专题研究,这次六中全会再以制定修订两个文件稿为重点专题研究全面从严治党,"四个全面"战略布局就都分别通过一次中央全会进行了研究和部署。这是党中央根据"四个全面"战略布局对全会议题的一个整体设计。

这是党中央着眼全面从严治党、坚持思想建党和制度治党相结合的一个重要安排——

1980年制定颁布的《关于党内政治生活的若干准则》,第一次以党内法规形式对党内政治生活作出规范;2003年颁布施行的《中国共产党党内监督条例(试行)》,对加强党内监督、维护党的团结统一发挥了积极作用。

历史告诉我们:95年栉风沐雨、筚路蓝缕,从最初只有50多名党员发展壮大到拥有8800多万名党员的世界第一大执政党,严肃的党内政治生活,是我们党优良传统和作风的生成土壤。

实践启示我们:党内政治生活是党组织教育管理党员和党员进行党性锻炼的主要平台,与每个党员、每个党组织息息相关,是全面从严治党的根本性基础工作。党要管党必须从党内政治生活管起,从严治党必须从党内政治生活严起。

问题警醒我们:党的执政地位,决定了党内监督在党和国家各种监督形式中是最基本、第一位的。党内监督失效,其他监督必然失灵。党内监督不严起来实起来,全面从严治党就会落空。

思想建党是我们党的一个重要特色。重视思想教育和思想改造,使每个党组织都成为党员思想淬火的熔炉,我们党由此成为一个有统一意志的党。

制度治党也是我们党的一个鲜明特色。只有扎紧制度笼子、提高制度执行效力,才能有效管党治党,越来越成为全党的共识。

《准则》既有刚性的规定也有精要的道理,体现了思想建党和制度治党有机结合,《条例》则是党的制度建设的重要成果。

这是党中央坚持问题导向,有针对性地解决党内突出矛盾和问题的关键举措——

前不久播出的电视专题片《永远在路上》,揭露的腐败分子违法犯罪事实触目惊心,反映的"落马"贪官思想蜕变过程发人深省。

舆论认为,在六中全会召开前夕播出这部专题片,传递出党中央坚定不移推进全面从严治党的决心。

坚持问题导向、底线思维,是以习近平同志为核心的党中央治国理政的鲜明品格。

一个时期以来,党内政治生活出现了亟待解决的突出矛盾和问题:一些党员、干部包括高级干部,信仰缺失、信念动摇,思想僵化、固守本本,脱离群众、独断专行,"四风"问题突出,任人唯亲、跑官要官、买官卖官、拉票贿选现象屡禁不止,滥用权力、贪污受贿、腐化堕落、违法乱纪现象滋生蔓延。特别是高级干部中极少数人政治野心膨胀、权欲熏心,搞阳奉阴违、结党营私、团团伙伙、拉帮结派、谋取权位等政治阴谋活动。党内监督也存在着主体责任缺失、监督责任缺位、管党治党宽松软等问题。

正如习近平总书记所说,政治生态和自然生态一样,稍不注意,就很容易受到污染,一旦出现问题,再想恢复就要付出很大代价。要把党内存在的突出矛盾和问题解决好,要有效化解党面临的重大挑战和危险,很重要的一条就是要完善规范、健全制度,扎紧制度的笼子。

聚焦当前党内政治生活和党内监督存在的突出问题和薄弱环节,围绕权力、责任、担当设计制度,围绕理论、思想、制度构建体系,着力解决党内政治生活庸俗化、随意化、平淡化和党内监督制度不健全、覆盖不到位、责任不明晰、执行不力等问题,是制定《准则》《条例》的鲜明指向。

第三节　保持党的先进性和纯洁性

理论学习角

开展严肃认真的党内政治生活，是我们党作为马克思主义政党区别于其他政党的重要特征，是我们党的光荣传统。长期实践证明，严肃认真的党内政治生活是我们党坚持党的性质和宗旨、保持先进性和纯洁性的重要法宝，是解决党内矛盾和问题的"金钥匙"，是广大党员、干部锤炼党性的"大熔炉"，是纯洁党风的"净化器"。

——习近平在党的十八届六中全会第二次全体会议上的讲话

实践证明，管党治党抓得越好，就越能做到大局稳、工作实、风气正、人心安。当前，我们党已经开启了全面建成社会主义现代化强国的新征程，面对前进道路上的各种风险挑战，必须坚持党的伟大自我革命，始终保持党的先进性和纯洁性。

一、永葆党的先进性

党的先进性是党的性质的集中体现，是无产阶级政党区别于其他政党的根本标志。早在无产阶级政党学说创立之初，马克思和恩格斯就深刻揭示了这一点。无产阶级政党的先进性主要集中在两点：第一，共产党必须是以无产阶级为阶级基础，由无产阶级的先进分子组成，按照民主集中制原则组织起来的政党。第二，共产党必须把马克思主义这一先进理论作为自己的思想基础，作为自己的行动指南。中国共产党自成立之日起，就以先进性要求自己。

中国共产党是以马克思列宁主义为指导的工人阶级政党。党章指出,中国共产党是中国工人阶级的先锋队,同时是中国人民和中华民族的先锋队,是中国特色社会主义事业的领导核心,代表中国先进生产力的发展要求,代表中国先进文化的前进方向,代表中国最广大人民的根本利益。这既是对党的性质的科学界定,也是对党的先进性的理论内涵的深刻阐述。党的先进性是具体的、历史的,具体主要有以下表现。

党的先进性是具体的,是指党的先进性不仅体现在先进的理论基础上,体现在党的纲领、路线、方针、政策上,而且体现在发展先进生产力和先进文化、维护和实现广大人民群众根本利益的实践上。它最终要体现在党的各级组织和广大共产党员的作用上,体现在其实践活动中。先进性适用于一定的条件和范围,在条件发生变化的情况下,先进性的内容和范围也会随之发生相应的变化。

对党的先进性判断是具体的、历史的。看一个政党是否先进,是不是工人阶级的先锋队,主要看这个政党的理论和纲领是否代表了最广大人民的根本利益。党的先进性是具体的、历史的,必须放到推动当代中国先进文化发展中去考察、放到维护最广大人民根本利益奋斗中去考察,归根到底要看党在推动历史前进中发挥的实际作用是什么。

党的先进性是历史的,是指党的先进性不是一成不变的,而是随着社会的时代的实践的变化而不断充实和发展的。人类社会永远是一个动态的具体发展过程,党的先进性要体现时代的发展要求,就必须把握这种动态的发展过程和它的本质特征。也就是说,党的先进性始终是随着社会发展尤其是时代变革和具体实践而发展变化的。在不同的历史阶段、历史时期有着不同内容和要求保持党的先进性,要抓住先进性这一核心,深刻理解先进性的本质所在、要求所在,根据时代的变化,在具体实践中坚持和体现党的先进性,把先进性具体化为实实在在的行动。

党的先进性要同党的历史任务联系在一起。我们必须坚持"立党为公、执政为民",全面落实科学发展观,始终抓住发展这个党执政兴国的第一要务,把党的先进性要求转化为全党的实际行动,落实到党的全部执政活动中去,切实落实到发展先进生产力,发展民主政治,发展先进文化,构建和谐社会,为全面建成社会主义现代化强国而奋斗,实现最广大人民的根本利益。

二、保持党的纯洁性

党的纯洁性体现在党的思想、政治、组织、作风各个方面。其中,思想纯洁是根本,政治纯洁是前提,组织纯洁是基础,作风纯洁是关键。讲党的纯洁性不能只讲一个方面,只有做到这四个方面都是纯洁的,才能保证党整个肌体的纯洁。

第一,思想上纯洁。党的纯洁性体现在思想上,就是要求各级党组织和广大党员、党的领导干部,必须坚持以马克思主义及其中国化的理论成果为指导思想,坚持以为社会主义和共产主义奋斗为理想信念,坚持实事求是的马克思主义思想路线,坚决抵御各种反马克思主义思想的侵蚀,坚决同各种与马克思主义背道而驰的错误思想作斗争。

第二,政治上纯洁。党的纯洁性体现在政治上,就是要求各级党组织和广大党员、党的领导干部在社会主义初级阶段必须坚决贯彻执行党的纲领路线和方针政策,坚持以经济建设为中心,坚持四项基本原则,坚持改革开放的基本路线,坚决抵制和反对一切违背党的错误政治倾向。

第三,组织上纯洁。党的纯洁性体现在组织上,就是要求各级党组织和广大党员、党的领导干部必须坚持贯彻党的民主集中制原则和遵守党的组织纪律的要求,自觉维护党的团结统一,坚决反对一切危害和分裂党的行为,严格坚持党章规定的共产党员标准和领导干部条件,坚决把背离党纲党章、危害党的事业、已经丧失共产党员资格的蜕化变质分子和腐败分子清除出党。

第四,作风上纯洁。党的纯洁性体现在作风上,就是要求各级党组织和广大党员领导干部必须坚持发扬党的理论联系实际、密切联系群众、批评和自我批评以及谦虚谨慎、不骄不躁、艰苦奋斗等优良作风,坚持贯彻党"从群众中来,到群众中去"的工作路线和调查研究的工作方法,坚决反对主观主义、官僚主义、形式主义、以权谋私、弄虚作假、个人专断、追求奢华等不正之风。说到底,作风纯洁性,就是要密切党同人民群众的血肉联系,就是要坚持全心全意为人民服务。

三、纯洁性同先进性相辅相成

先进性和纯洁性贯穿于党的性质、宗旨、任务和各项工作之中,体现在各级党组织和全体党员的实际行动上。党的纯洁性同党的先进性相辅相成、密不可分。纯洁性是先进性的前提和基础,先进性是纯洁性的体现和保证,二者在本质上是一致的。

纯洁性是保持和发展党的先进性的前提,也是根本。如果党不能保持纯洁性,就会丧失党的先锋队性质,就会丧失党合法的存在基础,就不具备谈先进性的条件。因为如果没有思想上的纯洁性,就无法保证党的指导思想、基本路线的先进性;没有组织的纯洁性,就无法保证党组织和队伍的先进性;如果没有作风上的纯洁性,就无法保证党组织和党员干部行为上的先进性。要永葆党的先锋队性质,保持和发展党的先进性,就必须始终保持党的纯洁性。党的坚强有力和事业发展取决于多种因素,党的纯洁性对党的创造力、凝聚力、战斗力有着根本性影响。什么时候党的纯洁性保持得好,党就更加坚强有力,党的事业就能健康发展;什么时候党的纯洁性受到影响和削弱,党的战斗力就会下降,党的事业就会遭受损失。

党的先进性是纯洁性的体现,也是保证。党的先进性决定着党的纯洁性的价值目标,是评判一个政党纯洁性与否的根本标尺。党的纯洁性取决于党能否坚持先进的指导思想和奋斗目标,在革命、建设、改革中能否带领中国人民走在时代前列,党的纯洁性不是为了纯洁而纯洁,而是为了从根本上保证党的先进性,始终团结并带领全国人民投身到党领导的伟大事业之中。党自身内在的纯洁性,必须通过党领导全国人民进行革命、建设、改革的外部实践的先进性来体现。

党的先进性和纯洁性在本质上是内在统一的。党的先进性与纯洁性是密不可分的。先进性决定纯洁性的价值取向,也是评判党的重要标尺;纯洁性是先进性的重要支撑,如果党不能保持纯洁,先进性就无从谈起。党的先进性和纯洁性统一于党的性质和宗旨的一致性,统一于建设中国特色社会主义事业的伟大实践。

先进性和纯洁性是马克思主义政党的力量所在、发展所托,更是马克思主义执政党的执政所依、生命所系。保持党的先进性和纯洁性,是党的建设一项长期而又常新的战略任务,贯穿于党的发展全过程。保持、发展先进性和纯洁性始终是马克思主义政党根本的思想政治任务,关系党的生死存亡和前途命运。

重温陈云提出的党员"六条标准"[①]

陈云同志在抗日战争时期曾担任 7 年中央组织部部长,对如何加强党员队伍建设进行过深入研究和探索,并且提出过许多相关论述。他在 1939 年 5 月所作《怎样做一个共产党员》一文中,比较完整地提出了衡量共产党员的"六条标准",不仅成为抗日战争时期广大党员的行为规范,对当前全面从严治党新形势下加强党员教育也具有深刻现实意义。

《怎样做一个共产党员》一文的问世与当时的形势密切相关。当时,中国共产党面对的一个比较大的问题就是党员人数较少、党的力量较弱。在陈云接手中央组织部工作时,全国党员人数只有 4 万多,主要集中在红军和陕甘宁边区及其他一些小块根据地。1938 年 2 月,毛泽东在中共中央政治局会议上提出要"大量地发展党员",并建议中央对这个问题作出新的决议。

在毛泽东这一指示下,1938 年 3 月,陈云主持起草了《中央关于大量发展党员的决议》。决议指出,为了担负起扩大与巩固抗日民族统一战线以彻底战胜日本帝国主义的神圣的任务,强大的党的组织是必要的。因此大量地、十百倍地发展党员,成为党目前迫切与严重的任务。

决议下发后,在中共中央及中央组织部直接领导和推动下,各地党的组织和党员队伍得到迅速发展,到 1938 年底,全国的中共党员人数就从 4 万多增加到 50 多万,许多原来没有党组织的地区建立起党的组织和领导机构。在党的大发展时期,党员人数增加了,队伍壮大了,党员的成分和思想状况很自然地也比过去变得更为复杂。因此,陈云认为:"这就需要引起我们极大的注意,加强对新党员的思想意识的教育。"

这一时期发生的"刘力功问题",更加引起了陈云的注意。刘力功是个知识分子,于 1938 年入党,先在抗日军政大学学习,后到中央党校训练班学习。

---

①刘志新.重温"六条标准"坚定初心使命:读陈云《怎样做一个共产党员》[N].中国组织人事报,2019 - 10 - 11(6).

毕业时，党组织安排他去基层锻炼，但他却坚持要进马列学院或回原籍工作，否则就退党。组织上曾找他谈过7次话，对其耐心说服教育，但他依然拒绝执行党的决定。这样，中央党务委员会决定开除他的党籍，并公布于全党。陈云于1939年5月23日写了《为什么要开除刘力功的党籍》一文，通过剖析这一典型事例，论述了共产党员要加强党性锻炼，特别是遵守党的纪律的极端重要性。

"刘力功问题"的这场大讨论和陈云的这篇文章，在延安各机关和学校引起很大震动。干部、学生纷纷从刘力功事件中检查自己的小资产阶级自由主义思想，检查是否以一个共产党员的标准严格要求自己，是否遵守党的纪律，是否言行一致地执行党的决议。在这一形势下，陈云"趁热打铁"，于同年5月30日写出了《怎样做一名共产党员》一文。

在文章中，陈云从"入党资格""党员的成分""入党手续，恢复党籍或重新入党""候补党员""共产党员的标准"5个部分展开论述，并且，在"共产党员的标准"部分中，完整地提出了衡量共产党员的"六条标准"。

第一，终身为共产主义奋斗。即"每个共产党员不仅要坚信共产主义的必然实现，而且必须对于工人阶级和中国人民、中华民族的解放事业，有不怕牺牲、不怕困难和奋斗到底的决心"。

第二，革命的利益高于一切。即"每个共产党员，都要把革命的和党的利益放在第一位，以革命的和党的利益高于一切的原则来处理一切个人问题，而不能把个人利益超过革命的和党的利益"。

第三，遵守党的纪律，严守党的秘密。即"一个共产党员坚决地自觉地遵守党的纪律是他的义务。他不仅应该与一切破坏党纪的倾向作斗争，而且要着重与自己的一切破坏党纪的言论行动作斗争，使自己成为遵守党纪的模范"。

第四，百折不挠地执行决议。即"共产党员不仅在日常工作中要忠实于党的决议，而且要在困难中，在生死关头时，忠实于革命和党的决议；不仅在有党监督时，而且要在没有党监督时，忠实于革命和党的决议；不仅在胜利时，而且要在失败时坚持执行党的决议"。

第五，做群众的模范。即"党员无论在何时何地的一举一动，都必须给非党群众一种好的影响，使他们更加信仰我党，更加敬重我党"。

第六，学习。即"每个共产党员要随时随地在工作中学习理论和文化，努力提高自己的政治水平和文化水平，增进革命知识，培养政治远见"。

最后，陈云还着重提出："只有具备以上的六个条件，才不愧称为一个良好的共产党员，才不致玷污了这伟大而光荣的党员的称号"。

这六条党员标准，着眼于党员的思想、纪律、行动，包含了党员与群众关系和不断提高自身素质的要求，深刻揭示党员标准的内在灵魂是坚定党员共产主义信念，为广大党员修养、磨炼和规范自己提供了思想要求和行为规范。

陈云同志的《怎样做一个共产党员》这篇文章虽然是在抗日战争的形势下写的，但其提出的共产党员"六条标准"至今仍具有重要的意义。重温这"六条标准"，有助于我们强化党员意识，真正坚定自己的入党初心，担负起重大的历史使命。

第四节　不断加强党性修养和党性锻炼

理论 学习角

要持之以恒净化政治生态。坚持激浊和扬清并举，严明政治纪律和政治规矩，严肃党内政治生活，破"潜规则"，立"明规矩"，坚决防止搞"小圈子""拜码头""搭天线"，有力打击各种政治骗子，严格防止把商品交换原则带到党内。

——习近平在二十届中央纪委三次全会上的讲话

共产党员的党性修养关系党的事业的兴衰成败。加强党性修养和党性锻炼是我们党对党员的一贯要求，也是所有发展对象的一堂终身必修课。

一、把加强理论学习作为党性修养的基础

对于发展对象来说，学习不仅是掌握知识，增强本领，做好工作的重要手段，而且是增强党性、加强修养、陶冶情操的重要方法。发展对象要树立全新的学习理念，把学习当作一种政治责任、一种精神追求、一种思想境界来认识和对待，让学习成为保持党的先进性纯洁性的有效手段和重要推动力量。

发展对象要认真学习马克思主义基本原理。马克思主义是党的指导思想，是我们认识世界和改造世界的强大思想武器，是中国共产党革命、建设、改革事业取得胜利的理论指南，是我们干好每一件事的看家本领，也是党员干部锤炼党性的看家本领。马克思主义理论素养是党员干部党性修养的核心和灵魂，只有认真学习马克思主义理论，才能始终保持正确的航向，增强道路自信、理论自信、制度自信、文化自信，坚定社会主义和共产主义信仰，坚定必胜信

念。学习马克思主义理论,最根本的是要学会掌握马克思主义的立场、观点和方法,以便在面对非马克思主义思潮时看清它的本质,破除教条的认识。要注意运用马克思主义原理,学习的目的不是用本本框框去实践,而是运用其中的理论去认识现实世界,探索解决问题的方法,增强解决问题的本领。要在学习中解决好理想信念问题,改造主观世界,树立正确的世界观、人生观、价值观和事业观、权力观。

发展对象要认真学习党的创新理论成果。加强理论修养,不仅要坚持马克思主义,还要随着时代的进步和实践的发展来学习、运用、丰富马克思主义。要以科学的态度对待科学,以真理的精神追求真理,以新的时代内涵不断赋予马克思主义。这就要求广大党员必须认真学习中国化的马克思主义,集中学习毛泽东思想、邓小平理论、"三个代表"重要思想、科学发展观、习近平新时代中国特色社会主义思想。习近平新时代中国特色社会主义思想,是马克思主义中国化的最新理论成果,是当代中国马克思主义、二十一世纪马克思主义,是全体党员理论学习的重点。最关键的是要紧密结合思想和工作实际自觉主动地学、持之以恒地学,要把学习成果转化为指导实践、推动工作、改造客观世界的思想自觉、政治自觉和行动自觉,把学习成果落实到全面贯彻党的基本理论、基本路线、基本方略的发展实践和工作上,转化为坚决维护习近平总书记的核心地位、维护党中央权威和集中统一领导的政治自觉。

发展对象要认真学习党的路线、方针、政策和国家法律法规。党的路线、方针、政策和国家的法律法规,是党的理论、意志和主张在治党治国、执政方面的具体体现,是党和国家事业发展的制度保证。发展对象只有认真学习掌握党的路线方针政策和国家法律法规,才能把思想和行动统一到中央对形势的分析判断和对工作的决策部署上来,才能自觉依法治国、依法办事。

发展对象要认真学习党史,主动汲取党史中的智慧光芒和精神力量,心怀"国之大者",将"小我"融入"大我",扎根人民、至诚报国、服务社会,在攀登知识高峰中追求卓越,在肩负时代重任中行胜于言,在实践实干中成就非凡事业。发展对象要树立正确党史观,认真学习党史基本著作和权威读本,准确把握党的历史发展主线、主流本质,正确认识党史上的重大事件、重要会议、重要人物,正确对待党在前进道路上经历的失误和曲折,坚决反对和抵制历史虚无主义,准确把握中华民族从站起来、富起来到强起来的理论逻辑、历史逻辑和实践逻辑,深刻理解中国共产党为什么能、马克思主义为什么行、中国特色社会主义为什么好等基本道理,深刻感悟中国共产党始终不渝为人民谋幸福的初心宗旨。站在新的时代方位,发展对象要从党史中感悟真理的味道、信仰的光芒,汲取成长智慧、历史经验和奋进力量,为中国式现代化建设贡献自己的力量。

二、在党内政治生活"大熔炉"中锤炼党性

党性不是抽象的而是具体的,坚强的党性不会自己形成,必须在严格的党内生活和长期的实践中锤炼养成。党内政治生活,作为全党同志提高党性修养、调整党内关系、开展党务活动的重要平台和途径,不仅事关思想建党,而且事关制度建党,是全面从严治党的重要基础。党内政治生活是中国共产党特有的党性锻炼"大熔炉",要使这个"大熔炉"炼出好钢,必须持续不断地点火、加热、保温,才能使"大熔炉"保持良好的运转状态。

开展严肃认真的党内政治生活,是我们党的优良传统和政治优势。毛泽东同志在 1929 年的古田会议上,第一次提出党内生活概念,提出了"教育党员使党员的思想和党内的生活都政治化,科学化"的命题。延安整风时期,在南方局机关的一次党小组活动中,某部门的主要负责同志是大革命时期入党的老党员,听报告时总爱坐在门口的藤椅上跷起二郎腿。周恩来同志批评道:"你在专心听报告吗?……党龄越长越要自觉遵守纪律啊!"邓小平同志曾经如此总结:"我们还有一个传统,就是有一套健全的党的生活制度。"党的十八大以来,以习近平同志为核心的党中央高度重视加强和规范党内政治生活,身体力行、率先垂范,制定并推动各级党组织和党员干部认真落实《关于新形势下党内政治生活的若干准则》,党内政治生活的政治性、时代性、原则性、战斗性不断增强。正是在这样的传承与坚守中,党内政治生活的"大熔炉",让一代又一代共产党人淬火成钢。许多海外观察人士都曾提出一个问题:为何没有"反对党"监督,中国共产党也能自我纠错、不断壮大?一个重要的秘密,就在于中国共产党能够通过严肃认真的党内政治生活,自觉发现和解决问题。

全体党员要积极参与党内政治生活,为"大熔炉"加热。党内政治生活既然是一个"熔炉",那么每一名党员都应该是"熔炉"里的可燃物,在里面参与"氧化"和"燃烧",保证"熔炉"之火越烧越旺,产生激浊扬清的正能量,确保党的先进性和纯洁性。当前,要坚决拥护"两个确立"、增强"四个意识"、坚定"四个自信"、做到"两个维护",围绕严明党的政治纪律、组织纪律、廉洁纪律、群众纪律、工作纪律、生活纪律进行研讨,围绕解决党员干部关心的学习、工作、生

活等问题,组织开展好党内政治生活,切实调动广大党员干部干事创业的积极性,在思想上、政治上、行动上不让一个同志掉队,确保全党同志形成爱党、忧党、兴党、护党的高度自觉。只有通过严肃认真的党内政治生活锤炼,开展好党员的学习、教育、管理和监督工作,才能真正为"大熔炉"提供源源不断的"热源"。

三、把立党为公作为始终如一的价值追求

我国传统道德文化历来高度重视公私问题,崇公鄙私。《礼记·礼运》中"大道之行也,天下为公"既是社会理想,也是道德理想。孔子把公私问题作为君子与小人的分界线。《论语》中说:"君子怀德,小人怀土;君子怀刑,小人怀惠。"以公共利益为价值取向便是君子,以自私自利为价值取向便是小人。孟子把公与私作为善与恶的主要衡量标准,他主张"利人利他利天下",即有利于公共利益则谓善,"去私然后能公"。明朝吕坤《呻吟语》中赫然写道:"公私两字,是宇宙的人鬼关。"[2]公与私是世上做人做鬼的关口,一个自私自利的人不具备做人的完善人格。同时,先公后私、克己奉公也是我国古代官德文化的重要方面。古人云:"政在去私,私不去则公道亡""一心可以丧邦,一心可以兴邦,只在公私之间尔"。当政者是否具有公心,关乎国家兴亡。有了公心,可以使国家兴盛;没有公心,一切从私心出发,会使国家灭亡。"居官守职以公正为先,公则不为私所惑,正则不为邪所媚。"既保持"内不愧心,外不负俗"的本分,也达到"大明无偏照,至公无私亲"的公允,更追求"治官事则不营私家,在公家则不言货利"的清明,才能直面公与私,做到问心无愧。

中国共产党代表中国最广大人民的根本利益,立党为公、执政为民是我们党始终如一的价值追求。党章明确规定:"除了法律和政策规定范围内的个人利益和工作职权以外,所有共产党员都不得谋求任何私利和特权。"马克思青年时代就确立了"为全人类服务,绝不追求可怜的、有限的、自私自利的欢乐,要为亿万人民谋幸福"[1]的崇高志向。毛泽东同志为自己定下三条原则:恋亲,但不为亲徇私;念旧,但不为旧谋利;济亲,但不以公济私。周恩来同志理发用公车、招待客人用公家的茶叶、下基层吃老百姓的饭,都主动付费。邓小平同志强调,自己作为共产党人,"就不能够做官,不能够有私心杂念,不能够有别

---

①上海师范教育系.马克思恩格斯论教育[M].北京:人民教育出版社,1986.

的选择,应该老老实实地履行党员的责任"①。谷文昌反复叮嘱家人"不许沾公家的一点油",当他发现县委机关食堂的师傅给自己的小儿子多打了点菜,便从此禁止孩子到食堂买饭。回顾党一百多年的光辉历史,正是千千万万共产党员公私分明、克己奉公,才使党始终保持先进性和纯洁性,始终具有强大的战斗力和凝聚力。如果共产党员混淆了公私界限,公私不分、损公肥私、以权谋私,就是对党的性质和宗旨的背叛,就是政治上的蜕变、党性上的弱化。

知识空间站

党的组织生活制度有哪些②

党的组织生活是党员参与党内政治生活的基本形式和经常手段,是党组织对党员进行教育、管理、监督的重要形式,也是党员党性锻炼的重要途径。中国共产党自成立以来,始终高度重视党内组织生活,在长期的革命、建设和改革实践中探索形成了严密的党内组织生活制度,在保持党的先进性和纯洁性方面发挥了重要作用。

严格落实"三会一课"制度。"三会一课"是指定期召开支部党员大会、支部委员会、党小组会,以及按时上好党课。"三会一课"制度是党支部长期坚持的重要制度,也是健全党内组织生活,严格党员管理,加强党员教育的重要制度。《关于新形势下党内政治生活的若干准则》指出,"三会一课"要突出政治学习和教育,突出党性锻炼,坚决防止表面化、形式化、娱乐化、庸俗化。领导干部要以普通党员身份参加所在党支部或党小组的组织生活,坚持党员领导干部讲党课制度。

认真参加组织生活会和民主生活会。党的组织生活会和党的民主生活会是健全和净化党的肌体、提高党员党性修养和个人素质、增强党的战斗力的重要措施,也是全面从严治党、加强和规范党内政治生活的重要内容。党员领导干部既要参加所在单位的党支部、党小组的组织生活会,又要参加党员领导干

---

① 谢春涛,李庆刚.中国共产党老一代革命家的人格风范[N].学习时报,2020-11-30(7).
② 王士龙.党性党风党纪教育十二讲[M].北京:中国方正出版社,2021.

部单独召开的民主生活会，参加双重组织生活。组织生活会和民主生活会应遵循实事求是和民主集中制的原则，坚持"团结—批评—团结"的方针，充分发扬民主，运用批评和自我批评的武器，开展积极的思想斗争，增强政治性、原则性和战斗性，达到统一思想、增强团结、互相监督、共同提高的目的，防止把会议开成单纯的汇报工作或研究部署工作的会议，坚决避免好人主义和形式主义等不良风气。

开展好民主评议党员。民主评议党员是指对照党章规定的党员条件，通过对党员的正面教育、自我教育，党员和群众的评议，以及党组织的考核，对每个党员在各项工作中的表现和作用做出客观的评议，并通过组织措施，达到激励党员、纯洁组织、整顿队伍的目的。建立民主评议党员制度，是全面从严治党，提高党员素质的一项重要措施，是通过制度建设加强对党员进行经常性教育、管理和监督的有效方法，对于提升党员党性修养、充分发挥党员先锋模范作用具有重要意义。民主评议党员要坚持以下原则：一是坚持实事求是原则，既要坚持党员标准，严格要求，又不搞上纲上线，蓄意整人。二是坚持民主公开原则，尊重党员的民主权利，并认真听取党外群众的评议意见。三是坚持平等原则，无论是普通党员，还是党员领导干部，都要严格要求，一视同仁。

坚持谈心谈话制度。党内谈心谈话制度是我们党一直以来的优良传统，是发扬党内民主、增进党内团结、严肃和规范党内政治生活、推动党的事业发展的有效途径和形式，对于加强党的自身建设、保持党的先进性具有重要意义。《关于新形势下党内政治生活的若干准则》明确指出，"坚持谈心谈话制度"。党组织领导班子成员之间、班子成员和党员之间、党员和党员之间要开展经常性的谈心谈话，坦诚相见，交流思想，交换意见。领导干部要带头谈，也要接受党员、干部约谈。

第六章

自我革命 伟大实践

——坚持全面从严治党

习近平总书记在二十届中央纪委三次全会上的重要讲话中指出，在新时代十年全面从严治党的实践和理论探索中，我们不断深化对党的自我革命的认识，积累了丰富实践经验，形成了一系列重要理论成果，系统回答了我们党为什么要自我革命、为什么能自我革命、怎样推进自我革命等重大问题。

第一节　全面从严治党是一场伟大的自我革命

理论学习角

党的十八大以来，在推进全面从严治党的伟大实践中，我们不断进行实践探索和理论思考，在毛泽东同志当年给出"让人民来监督政府"的第一个答案基础上，给出了第二个答案，那就是不断推进党的自我革命。

——习近平在二十届中央纪委三次全会上的讲话

以自我革命精神永葆党的先进性和纯洁性，以伟大自我革命引领伟大社会革命，是习近平新时代中国特色社会主义思想中极为重要、极具标志意义的内容，也是党的十八大以来中国共产党在破解历史周期率难题上的伟大实践。

一、深刻领悟习近平总书记关于党的自我革命的重要思想

党的十八大以来，习近平总书记带领全党以前所未有的决心力度推进全面从严治党，创造性提出一系列具有原创性、标志性的新理念新思想新战略，形成习近平总书记关于党的自我革命的重要思想，指引百年大党开辟了自我革命的新境界。在二十届中央纪委三次全会上，习近平总书记深刻总结新时代全面从严治党丰富实践经验和重要理论成果，深刻阐述党的自我革命的重要思想，科学回答关于党的自我革命的三个重大问题，明确提出推进自我革命"九个以"的实践要求。这是我们党坚持"两个结合"推进理论创新取得的新成果，是习近平新时代中国特色社会主义思想的新篇章，标志着我们党对马克思主义政党建设规律、共产党执政规律的认识达到新高度。

习近平总书记关于党的自我革命的重要思想深刻回答了我们党"为什么

要自我革命"的重大问题,指明了确保全党永葆初心、担当使命的根本任务。我们党追求的理想崇高而神圣,肩负的使命艰巨而繁重。要领导 14 亿多人民以中国式现代化全面推进强国建设、民族复兴伟业,战胜前进道路上各种风险挑战,必须把党建设好建设强。自我革命成效直接关系党能否永远不变质、不变色、不变味,决定中国特色社会主义事业成败。新征程上,只有通过自我革命不断祛杂质、强免疫、壮筋骨,才能经受住"四大考验"、抵御住"四种危险"、解决好"四个不纯",确保党始终成为坚强领导核心,更好以自我革命引领社会革命。

习近平总书记关于党的自我革命的重要思想深刻回答了我们党"为什么能自我革命"的重大问题,坚定了全党用好"第二个答案"、解决大党独有难题的信心决心。党的性质宗旨、初心使命决定了我们党始终代表最广大人民根本利益。正是因为不谋私利,我们党才有了彻底的自我革命精神,才能从不讳疾忌医、敢于直面问题,人民群众才会真心实意帮助我们修正错误。新征程上,只有始终坚持一切为了人民、一切依靠人民,更加自觉把自我监督和人民监督有机统一起来,才能实现自律和他律良性互动、相得益彰。

习近平总书记关于党的自我革命的重要思想深刻回答了我们党"怎样推进自我革命"的重大问题,展现了党永葆生机活力、走好新的赶考之路的光明前景。习近平总书记深刻阐述推进党的自我革命的根本保证、根本目的、根本遵循、战略目标、主攻方向、有效途径、重要着力点、重要抓手和强大动力,深刻指出全面从严治党是新时代党的自我革命的伟大实践,反腐败是最彻底的自我革命,为推进党的自我革命提供了行动指南。新征程上,只有准确把握"九个以"的实践要求,坚定不移全面从严治党,推动党的各方面建设有机衔接、协调联动,才能全面推进党的自我净化、自我完善、自我革新、自我提高,确保党始终成为时代先锋、民族脊梁。

二、推进自我革命"九个以"的实践要求

习近平总书记关于自我革命的重要思想展现了党永葆生机活力、走好新的赶考之路的光明前景。"九个以"实践要求:一是以坚持党中央集中统一领导为根本保证,在党中央的领导下,统一谋划、统一部署、统一推进,确保党的自我革命沿着正确方向前进。二是以引领伟大社会革命为根本目的,紧紧围绕党的中心任务来谋划和推进党的自我革命,使党的自我革命更好服从服务

于党的中心任务。三是以习近平新时代中国特色社会主义思想为根本遵循，坚持不懈用党的创新理论武装全党，不断提高党的自我革命的坚定性。四是以跳出历史周期率为战略目标，及时清除侵蚀党的健康肌体的病毒，及时消除损害党的执政根基的各种隐患，不断巩固党的长期执政地位。五是以解决大党独有难题为主攻方向，紧紧围绕"六个如何始终"，标本兼治、综合施策、协同发力、锲而不舍、久久为功，在不断解决大党独有难题中彰显大党优势。六是以健全全面从严治党体系为有效途径，坚持内容上全涵盖、对象上全覆盖、责任上全链条、制度上全贯通，不断完善党的自我革命制度规范体系。七是以锻造坚强组织、建设过硬队伍为重要着力点，深入贯彻新时代党的组织路线，推动各级党组织全面进步、全面过硬，使广大干部做到忠诚干净担当。八是以正风肃纪反腐为重要抓手，以优良作风作引领，以严明纪律强保障，以反腐惩恶清障碍，推动党的自我革命环环相扣、层层递进。九是以自我监督和人民监督相结合为强大动力，强化党的自我监督，不断健全党内监督体系，自觉接受人民监督，把党内监督同各类监督贯通起来。

三、自我革命是保持无产阶级政党本色的关键所在

自我革命主要是指主体对自己自觉、自主、自动的革命性行动。就中国共产党自我革命而言，主要是指通过不断的自我净化、自我完善、自我革新、自我提高，经常解决自身存在的问题，克服自身存在的缺点，始终保持生机活力的过程。自我净化、自我完善、自我革新、自我提高这四个"自我"，既相互区别又相互联系，既有破又有立，既有施药动刀的治病之法又有固本培元的强身之举，是勇于自我革命的生动实践和具体体现。中国共产党推进自身建设，进行理论创新，带领人民群众进行伟大斗争，不可避免地会遇到各种风险和挑战；无论是应对考验，还是战胜风险与挑战，都需要不断提升自我、完善自我，把自身变得更加强大。提升完善自我的过程实质上也就是自我革命的过程。党的十八大以来，习近平总书记提出自我革命的重要命题，就是要刀刃向内主动革除党自身存在的问题、改掉自身的缺点，以确保党自身能够与时俱进，适应时代需要，解决党面临的各种考验、风险和挑战。

勇于自我革命是党的优良传统。对中国共产党来说，自我革命不仅是一种精神自觉，而且是实实在在的行动。这种精神贯穿了党的百年，这种做法也贯穿了党的百年。之所以强调中国共产党自我革命是一种精神自觉，主要是

共产党是马克思主义政党,指导思想是辩证唯物主义和历史唯物主义①。马克思主义认为,客观事物一直处于不断发展变化的过程中,这一过程符合辩证的逻辑,具有革命的特点。马克思深刻指出,辩证法在对现存事物的肯定的理解中同时包含对现存事物的否定的理解,即对现存事物的必然灭亡的理解;辩证法对每一种既成的形式都是从不断的运动中,因而也是从它的暂时性方面去理解;辩证法不崇拜任何东西,按其本质来说,它是批判的和革命的。同时,马克思主义的科学性、人民性、实践性等理论品格,也自然要求无产阶级政党具有自我革命的自觉。正如毛泽东所说:"我们这个队伍完全是为着解放人民的,是彻底地为人民的利益工作的。"②"因为我们是为人民服务的,所以,我们如果有缺点,就不怕别人批评指出。不管是什么人,谁向我们指出都行。只要你说得对,我们就改正。"②

勇于自我革命,是习近平新时代中国特色社会主义思想的重要组成部分,也是习近平总书记关于党的建设重要思想中的原创性观点。自我革命的实践从党成立之初就已经开始,而习近平总书记在党的十八大之后提出自我革命,则是党的理论自觉的鲜明表现。党的十八大以来,习近平总书记高度重视管党治党,着力推动全面从严治党,多次强调党必须进行自我革命,既论述了进行自我革命的必然性和重要意义,也论述了进行自我革命的路径,强调中央政治局要带头做勇于自我革命的战士;既论述了要把自我革命和社会革命统一起来,也论述了自我革命对于社会革命的引领作用,形成了较为完整的一套中国共产党自我革命思想。这一思想来源于马克思主义经典作家的重要论述,来源于中国共产党自身建设的百年实践,来自习近平总书记对党的建设新的伟大工程的深刻洞见。

四、自我革命是党最鲜明的品格和最大的优势

中国共产党是在马克思主义理论的指导下建立起来的政党。马克思主义所具有的科学性品格,追求人类解放的人民性品格,坚持唯物辩证法的批判性品格,知行合一的实践性品格,无不赋予它鲜明的革命特质,无不要求它在最坚决、最彻底的革命斗争中,不断改造客观世界和主观世界。在马克思主义政

①甄占民.以自我革命破解历史周期率难题[N].中国纪检监察报,2022-07-21(5).
②毛泽东.毛泽东选集:第三卷[M].北京:人民出版社,1991.

党进行的革命中,首当其冲的就是自我革命。马克思说过,无产阶级革命与其他革命不同之处就在于:它自己批评自己,并靠批评自己壮大起来。在《德意志意识形态》中,马克思写道:"只有在革命中才能抛掉自己身上的一切陈旧的肮脏东西,才能胜任重建社会的工作。"[①]列宁讲过:"一个政党对自己的错误所抱的态度,是衡量这个党是否郑重,是否真正履行它对本阶级和劳动群众所负义务的一个最重要最可靠的尺度。公开承认错误,揭露犯错误的原因,分析产生错误的环境,仔细讨论改正错误的方法——这才是一个郑重的党的标志。"[②]

勇于自我革命,是我们党最鲜明的品格,也是我们党最大的优势。中国共产党的伟大不在于不犯错误,而在于从不讳疾忌医,敢于直面问题,勇于自我革命,具有极强的自我修复能力。中国共产党作为马克思主义性质的政党,同时作为中国人民和中华民族的先锋队,一成立就确立了为中国人民谋幸福、为中华民族谋复兴的初心使命,就开始了为实现国家独立、民族解放、国家富强、人民幸福而奋斗的征程。这是一段伟大而光荣的征程,也是一段艰巨而复杂的征程,更是一个不断强化历史责任、以崇高追求实现自我超越的历史进程。这样的历史进程,必然要求中国共产党不断进行自我革命,一刻也不能放松地解决自身存在的问题,以勇于自我革命精神打造和锤炼过硬的政治领导力、思想引领力、群众组织力、社会号召力。

一百多年来,中国共产党依靠自我革命,始终保持同人民群众的血肉联系,做最广大人民利益的代表者、维护者、实现者,做坚定信仰者、忠实的事业的推动者,这正是中国共产党的伟大之处。一百多年来,中国共产党依靠自我革命,不断发现真理和坚持真理,不断深化对共产党执政规律、社会主义建设规律、人类社会发展规律的认识和把握,在复杂多变的现实环境中保持战略定力,在危机中孕育机遇,在变局中打开新局面,始终沿着真理之路不断前进。因此,勇敢地进行自我革命,锻造了伟大、光荣、正确的中国共产党,保证了我们党在复杂的执政环境中始终保持先进性、纯洁性,保证了我们党在长期的历史奋斗中经受住各种险恶考验,保证了我们党永远受到人民群众的拥护。在苦难辉煌的奋斗征程中,自我革命已经成为渗透在中国共产党人血脉中的红色基因,已经熔铸为中国共产党人独特的精神标识。自我革命既是支撑中国共产党长期稳定执政的独特政党优势,也是支撑经济快速发展奇迹和社会长

---

①马克思,恩格斯.德意志意识形态[M].北京:人民出版社,2018.
②甄占民.常青之道:中国共产党自我革命的故事[M].北京:中共党史出版社,2021.

期稳定奇迹的中国特色社会主义政治制度优势的关键所在。

五、自我革命是全面从严治党的思想支撑与动力支持

理解全面从严治党,首先要弄清为什么要严,深刻把握贯穿其中的内在思想逻辑。我们党是以马克思主义为科学指南的党,代表中国先进生产力的发展要求,代表中国先进文化的前进方向,代表中国最广大人民的根本利益,是中国工人阶级的先锋队,是中国人民和中华民族的先锋队。保持党的先进性,实现党的崇高使命和追求,就必须在改造外部客观世界的同时,一刻也不能放松对自身这个主观世界的改造,一刻也不能放松对自身问题的解决,使自己始终跟上时代、实践和人民的要求。党的十九届六中全会《中共中央关于党的百年奋斗重大成就和历史经验的决议》指出,先进的马克思主义政党不是天生的,而是在不断自我革命中淬炼而成的。因此,"打铁还需自身硬",这个"硬"就内含着锤炼自身、降解杂质、提高纯度硬度的必然要求。在自我革命中保持自身先进性和保证事业顺利发展,是从严管党治党的基本出发点和落脚点。全面从严治党凸显的是我们党的历史担当。

思考全面从严治党,还要弄清如何去落实、去实现严的问题,深刻把握贯穿其中的精神动力。全面从严治党,是从政治、思想、组织、纪律、作风、制度等方面贯彻从严要求的过程,是每一个党的组织、党的成员、党的干部从严落实的过程,是真管真严、敢管敢严、长管长严的推进过程,更是一项极为复杂的工程。要落实好这样一项艰巨的任务,除了严的标准、严的举措之外,真正具有根本引领性和内在驱动力的,是一种坚持自我审视、反躬自省的高度清醒,是一种永不自满、永不懈怠的政治勇气。

新时代全面从严治党,无论从目的意义还是目标追求,无论从思想遵循还是动力支撑,都贯穿着强烈的自我革命精神。"形而上者谓之道,形而下者谓之器。"自我革命精神,作为我们党追求进步和自我完善的灵魂,以及克服困难和风险的基本理念,可以充分视为立党强党之道。全党要保持清醒、居安思危,要增强忧患意识、树立问题导向,要应对"四大考验"、克服"四种危险"等,贯穿的是正视问题、解决问题的思想脉络,贯穿的是在自我革新中赢得党的创造力凝聚力战斗力的深刻道理。党的十八大以来,以习近平同志为核心的党中央开辟了党的建设新的伟大工程的新境界,不仅体现在从严管党治党的举措和力度上,更体现在我们党自我革命的决心和意志上,这两个方面互为表

里、有"形"有"魂",进一步深化了我们对党的执政规律的认识,也是我们党执政睿智和担当精神的生动反映。可以说,革命精神已经在党的基因和传统中深深熔铸,也构成了党发展壮大的鲜明背景。在新的历史条件下,党所处的时代环境和面临的时代课题虽然与革命年代相比发生了根本变化,但对于共产党人来说,革命者的风范尤其是马克思主义政党所特有的自我革命精神却是永远不能丢的。

知识空间站

关于党的自我革命重要思想的提出和形成的历史过程①

习近平总书记关于党的自我革命的重要思想的提出和形成有一个历史过程。考察这一重要思想的发展脉络,其丰富内涵主要体现在以下几个重大时间节点:2015年5月5日,习近平总书记在中央全面深化改革领导小组第十二次会议上的讲话中,首次提出"自我革命"的概念。2016年7月1日,习近平总书记在庆祝中国共产党成立95周年大会上的讲话中,将"自我革命"引入党的建设。2017年10月18日,习近平总书记在党的十九大报告中,对自我革命和全面从严治党的关系进行了阐发,提出了"勇于自我革命,从严管党治党,是我们党最鲜明的品格"的重要论断。2017年10月25日,在十九届中共中央政治局常委同中外记者见面时,习近平总书记在讲话中将自我革命与社会革命并列起来,提出了"中国共产党能够带领人民进行伟大的社会革命,也能够进行伟大的自我革命"的重要论断。2018年1月5日,习近平总书记在新进中央委员会的委员、候补委员和省部级主要领导干部学习贯彻习近平新时代中国特色社会主义思想和党的十九大精神研讨班开班式的讲话中,阐述了党的自我革命与党领导的社会革命的辩证关系。2019年1月11日,习近平总书记在十九届中央纪委三次全会上的讲话中,明确提出了党的自我革命的目标任务,论述了党实现自我净化、自我完善、自我革新、自我提高的内涵要求。2019年6

---

① 曲青山. 坚持"九个以"的实践要求 把党的自我革命进行到底[EB/OL]. (2024-03-14)[2024-04-08]. https://www.ccdi.gov.cn/toutiaon/202403/t20240314_334255.htm. 有删减。

月 24 日,习近平总书记在十九届中央政治局第十五次集体学习时的讲话中,总结了党推进自我革命的重要经验。2021 年 11 月 11 日,党的十九届六中全会通过的党的第三个历史决议,将"坚持自我革命"作为党的十个方面的历史经验之一写入决议,习近平总书记在全会上的讲话中,将自我革命作为党跳出治乱兴衰历史周期率的第二个答案。2022 年 1 月 18 日,习近平总书记在十九届中央纪委六次全会上的讲话中,深刻总结新时代党的自我革命的成功实践,阐述了"九个坚持"的规律性认识和"六个必须"的原则性要求。2022 年 6 月 17 日,习近平总书记在十九届中央政治局第四十次集体学习时的讲话中,进一步归纳了反腐败斗争的"六条经验"。2022 年 10 月 16 日,习近平总书记在党的二十大报告中,提出了"必须时刻保持解决大党独有难题的清醒和坚定"的重要要求,强调"全面从严治党永远在路上,党的自我革命永远在路上"。2023 年 1 月 9 日,习近平总书记在二十届中央纪委二次全会上的讲话中,对解决大党独有难题用"六个如何始终"进行了深刻阐述。2024 年 1 月 8 日,二十届中央纪委三次全会明确提出了习近平总书记关于党的自我革命的重要思想的重大概念,强调了深入推进党的自我革命"九个以"的实践要求。可以说,"九个以"是在继承发展我们党一百多年来自我革命探索成果和宝贵经验的基础上,对新时代全面从严治党实践经验的理论总结,是对马克思主义建党学说的创新发展,彰显了党的自我革命的理论得到进一步丰富发展,把我们党对这一问题的认识提升到了新高度。

第二节 全面从严治党的内涵

理论学习角

　　全面从严治党的目的不是要把人管死,让人瞻前顾后、畏首畏尾,搞成暮气沉沉、无所作为的一潭死水,而是要通过明方向、立规矩、正风气、强免疫,营造积极健康、干事创业的政治生态和良好环境。

——习近平在二十届中央纪委二次全会上的讲话

　　党的十九大以来,以习近平同志为核心的党中央立足中华民族伟大复兴战略全局和世界百年未有之大变局,带领全党全国各族人民攻坚克难、奋勇前进,胜利完成脱贫攻坚任务,如期全面建成小康社会,实现第一个百年奋斗目标,开启全面建设社会主义现代化国家、向第二个百年奋斗目标进军新征程,推动党和国家事业取得新的历史性成就、发生新的历史性变革。

一、全面从严治党的提出

　　2014年12月,首次提出全面从严治党的重大命题。2015年2月,在省部级主要领导干部学习贯彻十八届四中全会精神全面推进依法治国专题研讨班上,指出全面建成小康社会是我们的战略目标,全面深化改革、全面依法治国、全面从严治党是三大战略举措,强调不全面从严治党,党就做不到"打铁还需自身硬",也就难以发挥好领导核心作用。2016年2月,在十八届中央纪委六次全会上,指出全面从严治党,核心是加强党的领导,基础在全面,关键在严,要害在治。2016年10月,党的十八届六中全会专题研究全面从严治党重大问题。2017年10月24日,党的十九大通过了关于《中国共产党章程(修正案)》

的决议,将"全面从严治党"首次写入党章。全面从严治党这一重大思想,体现了我们党对历史经验的深刻总结,对面临风险和考验的深刻认识,对党的执政规律的深刻把握,为推进党的建设新的伟大工程指明了方向,对于永葆党的先进性和纯洁性,确保党始终成为中国特色社会主义事业的坚强领导核心,具有重大而深远的意义。

二、全面从严治党是党的优良传统和一贯方针

党章总纲明确提出,"坚持党要管党、全面从严治党",这是党的建设的根本方针。我们党自诞生之日起,就始终保持着严的秉性,为"建设一个全国范围的、广大群众性的、思想上政治上组织上完全巩固的布尔什维克化的中国共产党"而不懈努力。1927年秋收起义后,毛泽东同志领导"三湾改编",创造性地"把支部建在连上",并酝酿提出了"三大纪律、六项注意",使革命火种呈燎原之势。1929年,古田会议确立思想建党、政治建军原则,纠正极端民主化、小团体主义、个人主义、享乐主义等错误倾向,使人民军队固了根、铸了魂,实现了凤凰涅槃。1941年至1945年,针对党内严重的主观主义、宗派主义、党八股等问题,党开展了意义重大、影响深远的延安整风运动,实现了全党空前的团结统一。新中国成立后,我们党及时开展了整党建党工作,有效遏制了各种不良作风对党的损害,为巩固新生的人民政权、建立社会主义基本制度、迅速恢复和发展国民经济提供了坚强保障。党的八大从加强思想教育、完善制度、强化监督等方面提出了党要管党、从严治党的要求,为加强党的执政建设指明了方向。进入改革开放和社会主义现代化建设新时期,面对日趋复杂的国际环境和日新月异的国内环境,邓小平、江泽民、胡锦涛同志都十分重视党的建设,提出了许多新思想新观点新举措,要求从严治党。党中央制定党内政治生活的若干准则,开展整党工作,先后开展"三讲"教育活动、保持共产党员先进性教育活动、深入学习实践科学发展观教育活动、党的群众路线教育实践活动、"三严三实"专题教育活动、"两学一做"学习教育活动、"不忘初心、牢记使命"主题教育活动、党史学习教育活动、学习贯彻习近平新时代中国特色社会主义思想主题教育活动等,保持了党的先进性、纯洁性,让党的创造力、凝聚力、战斗力不断增强。

回顾中国共产党一百多年来的光辉历程,我们党之所以能够从小到大、由

弱到强,成功带领中国人民在革命、建设、改革道路上取得一个又一个伟大胜利,历经磨难而巍然屹立,经过千锤百炼而更加坚强有力,根本在于我们党始终把加强自身建设作为重中之重,始终坚持党要管党、从严治党。

"从严"孕育生机,催生发展进步;"从严"固本培元,开辟胜利之路。当今世界复杂多变,当今中国改革发展稳定。我们党如何团结带领全国人民奋然前行?坚持走中国特色社会主义道路,协调推进"四个全面"战略布局,贯彻落实创新、协调、绿色、开放、共享的新发展理念,实现第一个百年奋斗目标、全面建成小康社会,进而实现第二个百年奋斗目标、实现中华民族伟大复兴的中国梦,这就是当代中国共产党人的神圣使命、壮阔实践。"打铁还需自身硬",全面从严治党,这就是当代中国共产党人的庄严宣誓、责任担当。

三、全面从严治党是应对"四大考验"、克服"四种危险"的现实选择

生于忧患,死于安乐。党的十八大指出,"发展中国特色社会主义是一项长期的艰巨的历史任务,必须准备进行具有许多新的历史特点的伟大斗争""新形势下,党面临的执政考验、改革开放考验、市场经济考验、外部环境考验是长期的、复杂的、严峻的,精神懈怠危险、能力不足危险、脱离群众危险、消极腐败危险更加尖锐地摆在全党面前"。我们要经受住"四大考验"、防止"四种危险",全面把握发展机遇,沉着应对各种挑战,取得这场伟大斗争的胜利,关键在于坚持全面从严治党。

应当充分肯定的是,党建工作形势总体是好的,党员干部队伍的主流始终是好的。但也必须清醒地看到,同国内外形势发展变化相比,同进行具有许多新的历史特点的伟大斗争的要求相比,同党组织建设状况相比,同党员干部队伍素质、能力、作风相比,差距还很大。一些党员干部理想信念动摇、信仰迷茫、精神迷失,有的对共产主义心存怀疑,不信马列信鬼神,甚至向往西方社会制度和价值观念,对社会主义前途命运丧失信心;有的是非观念淡薄、原则性不强、政治敏锐性差,在涉及党的领导和中国特色社会主义道路等原则性问题的政治挑衅面前态度暧昧、消极躲避、不敢亮剑。一些领导干部领导科学发展的能力与经济发展新常态不能很好适应,推动改革发展的专业能力水平亟待提高。部分基层党组织软弱涣散,政治功能弱化、服务功能不强,不能发挥战

斗堡垒作用，有的党员先锋模范作用发挥不明显。一些党员干部作风问题比较突出，形式主义、官僚主义、享乐主义和奢靡之风等"四风"问题在一些地方和单位没有得到根本解决，为政不廉、为政不实、为官不为、为官乱为现象仍然存在，政治生态受到污染。消极腐败现象在一些领域易发多发、大案要案时有发生，党风廉政建设和反腐败斗争形势依然严峻复杂，人民群众不满意的地方还有很多。这些问题，充分说明了"四大考验"的长期性、严峻性、复杂性，"四种危险"的现实性、紧迫性、尖锐性。

以上问题的存在，根本在于从严治党方面没有做到位。要解决好这些问题，就要真正把全面从严治党落到实处。只要真管真严、敢管敢严、长管长严，而不是管一阵放一阵、严一阵松一阵，就没有什么解决不了的问题，就不至于使小矛盾积重难返、小问题酿成大隐患。各级党的组织、每名党员干部，都要在党言党、在党忧党、在党为党、在党护党，切实增强全面从严治党的紧迫感和责任感。

四、全面从严治党是协调推进"四个全面"战略布局的根本保证

"四个全面"体现了党中央治国理政的基本方略，是推动党和国家各方面工作的总抓手。

全面从严治党是"四个全面"的重要内容，更是"四个全面"的根本保证。比如，全面建成小康社会，要深入贯彻新发展理念，全面提高发展质量和水平，要统筹推进经济、政治、文化、社会、生态文明建设，使各方面事业发展再上新台阶；要实施乡村振兴，推动城乡融合发展。比如，全面深化改革，要牢牢把握改革的正确方向，既充分吸收人类文明发展成果，又绝不照搬照抄西方坚持我行我素的制度和模式；要敢于啃硬骨头、敢于涉险滩，勇于破除利益固化的藩篱，推动各项改革举措不折不扣地落到实处；要坚持把促进社会公平正义、增进人民福祉作为出发点和落脚点，真正让广大人民群众对改革有更多的"获得感"。比如，全面依法治国，要坚持法治国家、法治政府、法治社会一体建设，全面提升法治化水平，要切实纠正以言代法、以权压法、执法不严、司法不公等问题，确保法治保障和维护好人民群众利益；要推动国家机关工作人员带头遵法、学法、守法、用法，营造良好的法治氛围和环境。比如，驾驭全面深化改革和全面依法治国"车之双轮"，让改革有据可依、有序推进，让法治的良法更多、善治的效果更好，让国家治理能力现代化不断向前推进。凡此种种，都必须坚

持党的领导,加强和改善党的领导,使党更加坚强有力地建设起来。

五、全面从严治党是增强"四自"能力的必然要求

党的十八大提出,要增强党"自我净化、自我完善、自我革新、自我提高"的能力,党要应对考验和危险,关键看能不能增强"四自"能力,要使从严治党的一切努力都集中到增强"四自"能力上来,集中到提高党的领导能力和执政能力、保持和发展党的先进性和纯洁性上来。全面从严治党,是我们党增强"四自"能力的必然要求。

胜人者力,自胜者强。我们党是一个勇于正视问题、不断解决问题,善于继承创新、自我完善提高的马克思主义执政党。依靠党自身的力量解决党自身的问题。依靠党和人民群众的力量是党建工作的一条重要经验。在党的七大会场上,就高悬着"坚持真理、修正错误"这八个大字。延安时期开展整风运动,新中国成立初期开展"三反""五反"运动,改革开放初期开展整党工作,近些年来开展的一系列党内集中教育活动和"三严三实"专题教育,都是我们党增强"四自"能力的重要举措。贯穿其中的一个重要思想,就是从严管党治党,净化自身,去腐生肌,完善自身,革故鼎新。

增强"四自"能力,是新形势下保持党的思想纯洁、组织纯洁、作风纯洁的根本途径,是提高党的领导水平和执政水平、提高拒腐防变和抵御风险能力的关键所在,也是提高党的建设科学化水平的内在动因。增强"四自"能力,必须有严的标准、严的要求、严的措施、严的纪律。严则正气充盈,严则百毒不侵。增强"四自"能力是全党的共同任务,也是每个党员干部的终身课题。党员干部要真正把自己摆进去,贯彻从严要求,坚持问题导向,从自己严起,从自己实起,把"三严三实"作为最基本的政治品格和做人准则,始终做到心中有党、心中有民、心中有责、心中有戒,永葆共产党人的政治本色,永葆党的先进性和纯洁性。

六、全面从严治党永远在路上

一切皆流,无物常驻。任何事物都在变化之中,我们党面临的党的队伍也在变化之中,旧的问题解决了,新的问题就会不断地涌现出来。面向未来,要巩固党的执政地位、夯实党的执政基础,使我们党始终成为中国特色社会主义

事业的坚强领导核心,全面从严治党的任务还很重。逆水行舟,一篙不可放缓;滴水穿石,一滴不可弃滞。管党治党必须抓常、抓细、抓长,持续努力、久久为功,在巩固中坚持、在坚持中巩固,推动全面从严治党不断走向深入。

党的十八大以来,我们党着眼于开展具有许多新的历史特点的伟大斗争,把全面从严治党纳入"四个全面"战略布局,在管党治党上拿出了一系列实实在在的举措。加强理想信念教育,补牢精神之"钙";严明党的政治规矩,促进各级党委(党组)切实把主体责任扛在肩上;要坚持依法治党与以德治党相统一,坚持高标准与守底线相结合,深化党的建设制度改革,建立健全党内法规制度体系;深入开展"违反干部任用标准程序、跑官要官和说情打招呼、三超两乱、干部档案造假、领导干部违规兼职、裸官"等6项重点整治;聚焦发现问题、形成震慑,发挥巡视利剑作用,不断强化党内监督;坚持"老虎""苍蝇"一起打,坚决遏制腐败现象蔓延势头等。党风政风发生可喜变化,党心民心进一步凝聚振奋。同时,要清醒地看到,全面从严治党取得的成效只是初步的,很多问题还停留在"不敢"上,没有形成真正的自觉,一些老问题还在变换花样、"穿着马甲"在市场上行走。在全面从严治党上必须保持战略定力,不能有丝毫松懈,要有锲而不舍的精神,使管党真正从宽、松、软走向严、紧、硬。

知识 空间站

深入学习贯彻习近平总书记关于党的自我革命的重要思想[①]

习近平总书记在二十届中央纪委三次全会上发表重要讲话,从统筹中华民族伟大复兴战略全局和世界百年未有之大变局的高度,深刻总结新时代全面从严治党丰富实践经验和重要理论成果,深刻阐述党的自我革命的重要思想,对持续发力、纵深推进反腐败斗争作出战略部署,为新时代新征程深入推进全面从严治党、党风廉政建设和反腐败斗争提供了根本遵循。

---

①瞿芃.学习领会习近平总书记中央纪委三次全会重要讲话精神:深入学习贯彻习近平总书记关于党的自我革命的重要思想[EB/OL].(2024-01-15)[2024-05-10].https://www.ccdi.gov.cn/toutiaon/202401/t20240115_322051.html.

勇于自我革命是我们党最鲜明的品格和最大优势。党的第三个历史决议总结党百年奋斗的十条历史经验，其中之一就是"坚持自我革命"。

党的十八大以来，习近平总书记带领全党以前所未有的决心力度推进全面从严治党，创造性提出一系列具有原创性、标志性的新理念新思想新战略，形成习近平总书记关于党的自我革命的重要思想，指引百年大党开辟了自我革命的新境界。

"这是我们党坚持'两个结合'推进理论创新取得的新成果，是习近平新时代中国特色社会主义思想的新篇章，标志着我们党对马克思主义政党建设规律、共产党执政规律的认识达到新高度。"三次全会公报指出，习近平总书记关于党的自我革命的重要思想深刻回答了我们党"为什么要自我革命"的重大问题，指明了确保全党永葆初心、担当使命的根本任务；深刻回答了我们党"为什么能自我革命"的重大问题，坚定了全党用好"第二个答案"、解决大党独有难题的信心决心；深刻回答了我们党"怎样推进自我革命"的重大问题，展现了党永葆生机活力、走好新的赶考之路的光明前景。

时代是思想之母，实践是理论之源。任何一个重大创新理论的产生都不是偶然的，都有其产生的必然性，都有其产生的历史条件和时代背景。中华民族伟大复兴战略全局和世界百年未有之大变局，就是党的自我革命提出的历史条件和时代背景。

党的十八大以来，以习近平同志为核心的党中央直面党面临的重大风险考验和党内存在的突出问题，以前所未有的勇气和定力推进全面从严治党，打出了一套自我革命的"组合拳"。

从制定和落实中央八项规定开局破题，提出和落实新时代党的建设总要求，以党的政治建设统领党的建设各项工作，坚持思想建党和制度治党同向发力，提出和坚持新时代党的组织路线，持之以恒正风肃纪，开展史无前例的反腐败斗争，以"得罪千百人、不负十四亿"的使命担当祛疴治乱，我们党刹住了一些长期没有刹住的歪风，纠治了一些多年未除的顽瘴痼疾，消除了党、国家、军队内部存在的严重隐患。

党的二十大作出重大论断：经过不懈努力，党找到了自我革命这一跳出治乱兴衰历史周期率的第二个答案，自我净化、自我完善、自我革新、自我提高能力显著增强。

实践不断扩展，认识不断深化。

从 2015 年 5 月习近平总书记在中央全面深化改革领导小组第十二次会议

上的重要讲话中首次提出要"勇于自我革命",到2021年11月习近平总书记在党的十九届六中全会第二次全体会议上深刻论述自我革命与跳出历史周期率的关系;从2022年10月习近平总书记在党的二十大报告中强调"党找到了自我革命这一跳出治乱兴衰历史周期率的第二个答案",到二十届中央纪委三次全会上习近平总书记深刻阐述党的自我革命的重要思想……新时代以来,以习近平同志为核心的党中央深刻总结党的历史经验特别是党的十八大以来的新鲜经验,不断深化对党的自我革命规律的认识,不断推进党的建设理论创新、实践创新、制度创新。

新时代全面从严治党取得了历史性、开创性成就,产生了全方位、深层次影响,根本在于有习近平总书记领航掌舵、有习近平新时代中国特色社会主义思想科学指引。习近平总书记关于党的自我革命的重要思想,让我们找到了跳出治乱兴衰历史周期率的第二个答案。

学习贯彻三次全会精神,要充分认识习近平总书记关于党的自我革命的重要思想的重大意义,深刻领悟这一重要思想的精髓要义,坚持不懈在深化内化转化上下功夫,深学细悟,汲取其中蕴含的坚定理想信念、加强党性锻炼、提升精神境界和道德水平等思想营养,自觉从中找理念、找思路、找方法、找举措,将学习成果转化为攻坚克难、干事创业的强大动力。

第三节　持之以恒推进全面从严治党

理论学习角

总结运用党的百年奋斗历史经验，坚持党中央集中统一领导，坚持党要管党、全面从严治党，坚持以党的政治建设为统领，坚持严的主基调不动摇，坚持发扬钉钉子精神加强作风建设，坚持以零容忍态度惩治腐败，坚持纠正一切损害群众利益的腐败和不正之风，坚持抓住"关键少数"以上率下，坚持完善党和国家监督制度，以伟大自我革命引领伟大社会革命，坚持不懈把全面从严治党向纵深推进。

——习近平在十九届中央纪委六次全会上的讲话

"成其身而天下成，治其身而天下治。"我们党历经千锤百炼而朝气蓬勃，一个很重要的原因就是始终坚持党要管党、全面从严治党。

一、坚定不移推进党的伟大自我革命

党中央把全面从严治党纳入"四个全面"战略布局，把"党政军民学，东西南北中，党是领导一切的"写入党章，把"中国共产党领导是中国特色社会主义最本质的特征"写入宪法，深化党和国家机构改革，把党的全面领导落实到治国理政全过程各方面；以改革创新精神抓党的建设，强化管党治党政治责任，坚持思想从严、监督从严、执纪从严、治吏从严、作风从严、反腐从严，党把方向、谋大局、定政策、促改革的能力不断提高；以前所未有的勇气和定力推进党风廉政建设和反腐败斗争，管党治党宽松软状况得到根本扭转，探索出依靠党的自我革命跳出历史周期率的成功路径，全面从严治党取得了历史性、开创性成就,产生了全方位、深层次影响。

一百多年来,我们党外靠发展人民接受人民监督,内靠全面从严治党、推进自我革命,勇于坚持真理、修正错误,勇于刀刃向内、刮骨疗毒,保证了党的兴旺发达、不断发展壮大。党的十八大以来,习近平总书记反复讲跳出历史周期率问题,这是关系党和国家千秋伟业的重大问题。我们党历史这么长、规模这么大、执政这么久,如何跳出治乱兴衰的历史周期率? 我们党始终坚持不懈探索解决之道。毛泽东同志在延安的窑洞里给出了第一个答案,这就是"只有让人民来监督政府,政府才不敢松懈"。习近平总书记在党的十九届六中全会第二次全体会议上深刻指出,经过百年奋斗特别是党的十八大以来新的实践,我们党又给出了第二个答案,这就是自我革命。党的十九届六中全会通过的第三个历史决议,将"坚持自我革命"凝练为党百年奋斗的十条历史经验之一。我们党没有任何自己的特殊利益,这是我们党敢于进行自我革命的胆识之源和底气。我们党之所以伟大,不在于不犯错误,而在于从不讳疾忌医,敢于直面问题,勇于自我革命。世界上那么多执政党,有几个敢像我们党这样大规模、大力度、坚持不懈反腐败? 有些人吹捧西方多党轮流执政、"三权鼎立"那一套,不相信我们党能够刀刃向内、自剜腐肉。中国共产党勇于自我革命的实践给了他们响亮有力的回答。

全面从严治党是新时代党的自我革命的伟大实践,开辟了百年大党自我革命的新境界。必须坚持以党的政治建设为统领,坚定正确的政治方向;必须坚持把思想建设作为党的基础建设来抓,在自我革命中淬炼出锋利的思想武器;要坚决贯彻落实中央八项规定精神,用严明的纪律整顿作风;必须坚持以雷霆之势反对腐败、惩治邪恶,打一场自我革命的攻坚战、持久战;必须坚持不懈地增强党组织的政治功能和组织凝聚力,锻造一支敢拼、自我革命的干部队伍;必须坚持构建自我净化、自我完善、自我革新、自我提高的制度规范体系,为推进伟大自我革命提供制度保障。这"六个必须",是对新时代党的自我革命成功实践的深刻总结,是开辟百年大党自我革命新境界的奥秘所在。

二、坚持严的基调不动摇

党的二十大召开之后,在踏上新的赶考路后,全面从严治党的责任和使命比以往任何时候都更为繁重。我们必须清醒地认识到,腐败的较量仍在激烈进行,并呈现出一些新的阶段性特征,防止各种利益集团结伙、"围猎"腐蚀仍任重道远,有效应对腐败手段的隐形变异和翻新升级,彻底铲除腐败滋生土壤,实现海晏河清还任重道远,系统性腐败的清理和风险隐患的化解仍需进一步加强。

我们要保持清醒头脑,永远吹冲锋号,牢记反腐败永远在路上,发扬历史主动精神,坚持严的主基调不动摇,坚持不懈把全面从严治党向纵深推进。坚持不懈地推进党史学习教育宣传工作,引导全党在新的赶考路上坚定历史自信、考出好成绩。要强化政治监督,确保新发展理念完整准确全面贯彻落实。要把握新发展阶段,贯彻新发展理念,构建新发展格局,推动高质量发展,引导督促党员干部真正悟透党中央的大政方针,时时处处向党中央看齐,扎扎实实把党中央的决策部署落到实处,不做表面文章。要保持反腐倡廉的政治定力,不断实现不敢腐、不能腐、不想腐一体推进的战略目标。要加固中央八项规定的堤坝,锲而不舍纠"四风"树新风,树立正确政绩观,尊重客观实际和群众需求,强化系统思维和科学谋划,多做为民造福的实事好事,杜绝装样子、搞花架子、盲目铺摊子。加强对党中央惠民利民、安民富民各项政策落实情况的监督。从严从实加强教育管理监督,引导党员对党忠诚老实,坚定理想信念,牢记初心使命,正确对待权力,时时处处自重自省,严守纪律规矩,把廉洁从政的"第一粒扣子"扣实。要健全权力监督体系和执纪执法制度,使各项监督更加规范、有力、管用。各级党委(党组)要履行党内监督主体责任,突出加强对"关键少数"特别是"一把手"和领导班子的监督。纪检监察机关要发挥监督专责机关作用,协助党委全面从严治党,推动党内监督和其他各类监督贯通协同,探索深化贯通协同的有效路径。

三、不断实现"三不"一体推进战略目标

一体推进"三不腐",要坚持不懈把全面从严治党向纵深推进,为建设新时代中国特色社会主义提供坚强保障。要深入推进治腐工作,坚持严的主基调不动摇,不断巩固和扩大反腐败斗争压倒性胜利成果,用好反面教材,开展警示教育,提高党性认识,不断实现不敢腐、不能腐、不想腐一体推进的战略目标。要持续深化作风建设,持之以恒纠正"四风"树新风,加强对中央八项规定精神及其实施细则贯彻落实情况的督查,引导广大党员干部牢固树立正确的政绩观,力戒形式主义、官僚主义;建立激励机制纠错机制,旗帜鲜明地支持那些敢于担当、踏踏实实做事、不谋私利的干部,最大限度地把广大干部的积极

性、主动性和创造性调动起来。

一体推进"三不腐"，要坚持问题导向，坚持党风党纪一起抓、正风肃纪一体抓，深入整治群众身边腐败和不正之风，更加注重完善作风建设长效机制，深化纠"风"止"腐"治理效果。要切实加强对"一把手"和领导班子的监督，加强对权力运行的制约，抓好选人用人这个导向，促使"一把手"做到位高不擅权、权重不谋私。要巩固拓展习近平新时代中国特色社会主义思想主题教育成果，发展积极健康的党内政治文化和廉洁文化建设，不断净化和优化政治生态。

一体推进"三不腐"，要严格执行中央八项规定精神及其实施细则，严肃查处形式主义、官僚主义问题，持续整治腐败问题和群众身边的作风问题。要加强对党员的教育管理和监督，在系统学习马克思主义理论、严格党内政治生活、加强思想政治和廉政教育上下足功夫，确保党的事业不断发展、薪火相传。要健全和落实督查制度，发挥各类督查作用。

击鼓催征稳驭舟，奋船扬帆开新程。发展对象要深入学习贯彻习近平新时代中国特色社会主义思想，坚决拥护"两个确立"，增强"四个意识"、坚定"四个自信"、做到"两个维护"，以永远在路上的坚定执着，继续打好党风廉政建设和反腐败斗争这场持久战，为保持经济环境平稳健康、社会环境政治环境风清气正作出应有贡献。

故事 运输机

"延安作风"为什么能最终打败"西安作风"[①]？

1947 年 8 月，蒋介石以"胜利者"的姿态来到延安，带着好奇心看了抗大一排排简陋的窑洞后，又专程来到枣园，想看看他的"老对手"毛泽东所居住的环境到底是什么样的。

令他不敢相信的是，毛泽东的住宿环境与当地百姓并没什么区别。窑洞

---

① 张禾年. "延安作风"为什么能最终打败"西安作风"？[EB/OL]. (2022 - 12 - 29)[2023 - 12 - 10]. https://mp. weixin. qq. com/s/jFnWntxY8erVSthXp6cNdw. 有删减。

内墙皮剥落，门窗老旧，靠窗办公的桌子凹凸不平，简陋的床也是用榆木钉起来的。紧挨着毛泽东窑洞的，就是周恩来、朱德等共产党领导人居住的窑洞，从外观到内设并没有什么太大差异。

尽管蒋介石早就听说过共产党人艰苦朴素，可现实场景还是远超过他的想象。他百思不得其解，在如此破败的地方，在这么简陋的环境下，毛泽东等共产党人是怎么有信心带领装备落后的队伍同自己的王牌部队战斗的。他也不清楚，毛泽东是如何在这小小的窑洞里指点江山，用兵如神的？而像延安这样的"穷山恶水"，又有着什么样的魔力，能够吸引如此多的有志青年前赴后继、"爬也要爬到延安城"？

我们再来看看蒋介石的住宿环境。当他的部下胡宗南在接到蒋介石要来延安的指令后，可以说忙得不可开交。为蒋介石专门运送生活保障的飞机在西安与延安上空穿梭不停。蒋介石入住的是延安最好的宾馆，里面布置的洋瓷脸盆、澡盆、马桶、沙发、钢丝床等，都是胡宗南从西安空运过来的。胡宗南甚至把价格昂贵的西餐食材、餐具都布置妥当，生怕蒋介石不满意。

这样的排场，跟延安当时的现状格格不入。而这奢靡的生活，也让蒋介石的此次延安之行，更像是一场闹剧。他的心情变得很糟糕，这次在延安的视察让他看到了国共两党军队的差距，一个无论是武器装备还是生活条件都无法跟国民党相比的军队，却次次能在战斗中占尽上风，这让他一想到就郁结得睡不着觉。

然而，两党形成的鲜明对比又何止这一处。早在1940年迎接陈嘉庚等爱国华侨回国考察慰问之时，双方截然不同的宴请场景，就给陈嘉庚本人留下了极其深刻的印象。

作为爱国华侨，陈嘉庚等在抵达重庆之时，蒋介石异常重视。为了得到陈嘉庚的支持，蒋介石下令不惜一切代价做好接待保障工作。当时国民政府按照蒋介石的指示，成立了一个相当有排面的欢迎委员会，由国民政府的宣传部、财政部、侨委会等多个党政军重要部门组成，光是接待费用就高达8万元，这在当时是一笔不菲的开销。

在重庆的2个多月里，国民党几乎天天安排宴会，这让陈嘉庚内心相当不舒服，要知道前方在打仗，后方却在贪图享乐，过着奢靡的生活。这样的政府能领导全民共赴国难吗？带着这样的疑问，陈嘉庚连续三天在国民党《中央日报》刊登罢宴声明："在此抗战中艰难困苦时期，望政府及民众实践节约，切勿消耗物力！"

重庆的遭遇，让陈嘉庚身心俱疲，他决定前往延安，看看老百姓夸赞的共产党有什么不一样。

陈嘉庚赴延安时虽同样也受到了毛泽东等中央领导人的热烈欢迎，但接待的"晚宴"就显得十分寒酸了：仅有白菜、咸萝卜干，外配一盆鸡汤。让他意外的是，就这勉强能"拿得出手"的鸡汤还是邻居大娘知道有远方的客人来，特意准备的。

这样的一顿招待饭，两个党派之间的高下立见：一个是代表着大地主、大资产阶级利益，追求享乐、奢靡成风、贪腐横行，"前方吃紧，后方紧吃"的"西安作风"；另一个则是代表广大无产阶级利益，艰苦、朴素、节俭，与百姓同甘共苦，"有盐同咸，无盐同淡"的"延安作风"。面对截然不同的招待场景，陈嘉庚由衷感慨："中国的希望在延安！"

从失望到希望，虽一字之差，但从"饭碗"里，陈嘉庚看到了一个生活艰苦朴素、心中装着百姓的政党的光明前景。

实际上，国共两党两军的博弈，也是作风的较量。一位作家在《回望延安》中写道："那是一个奋发的时代，一个朝气蓬勃的年代，一个党和人民、领袖和群众同甘共苦，相濡以沫，共同创造英雄史诗的年代……"毛泽东同志也自豪地说："陕甘宁边区是全国最进步的地方"，并一连用"十个没有"令人信服地阐释了这种"进步"，即"一没有贪官污吏，二没有土豪劣绅，三没有赌博，四没有娼妓，五没有小老婆，六没有叫花子，七没有结党营私之徒，八没有萎靡不振之气，九没有人吃摩擦饭，十没有人发国难财"。

国共两党迥然不同的作风，产生的作用与影响自然不同。后来的历史实践也证明了，共产党人虽在物质生活上的对比中落了下风，但在思想作风上的角力却获得全胜。"我们要养成一种新的作风：延安作风。我们要用延安作风打败西安作风。"毛泽东同志当年的感慨，为共产党与国民党截然不同的命运写下了注脚。

"党的作风就是党的形象，关系人心向背，关系党的生死存亡。"我们应该认识到，对于"延安作风"与"西安作风"的选择，不仅是共产党人在物质享受与精神信仰之间作出的坚定抉择，也是我们党从小到大、由弱到强的制胜密码。泥土斑驳的窑洞与气派敞亮的小楼，仅能果腹的粗茶淡饭与美味可口的山珍海味，可以说有着天壤之别。谁不爱舒适安逸的环境，但正是因为有着牢不可破的理想信念，时刻不忘自身的初心使命，共产党人才能百年如一日，秉承艰苦朴素的思想作风，始终保持昂扬奋进的精神状态。

在党的二十大报告中，习近平总书记深情寄语全党同志，"全党必须牢记，全面从严治党永远在路上，党的自我革命永远在路上，决不能有松劲歇脚、疲劳厌战的情绪，必须持之以恒推进全面从严治党，深入推进新时代党的建设新的伟大工程，以党的自我革命引领社会革命。"

党的二十大闭幕不到一周，习近平总书记就带领中共中央政治局常委专程从北京前往陕西延安，瞻仰延安革命纪念地，重温革命战争时期党中央在延安的峥嵘岁月，缅怀老一辈革命家的丰功伟绩，宣示新一届中央领导集体赓续红色血脉、传承奋斗精神，在新的赶考之路上向历史和人民交出新的优异答卷的坚定信念。"当年毛泽东同志等老一辈革命家在延安，住窑洞、吃粗粮、穿布衣，用'延安作风'打败了'西安作风'。全党同志要把老一辈革命家和共产党人留下的光荣传统和优良作风传承好发扬好，勇于推进党的自我革命，坚定不移推进全面从严治党，始终保持党的先进性和纯洁性，确保党始终成为中国特色社会主义事业的坚强领导核心。"

"历览前贤国与家，成由勤俭破由奢。"坚守艰苦朴素的优良作风，不仅关联着党的作风形象，彰显着党的性质宗旨，更关系着人心向背，紧连着我们事业的兴衰成败。自成立之日起，中国共产党就以独有的历史清醒与自觉，主动选择并长期坚持发展着"延安作风"，推动着我们的事业取得一个又一个新的胜利。

过去，我们靠着这种好作风，赢得了民心、赢得了胜利；今天，永葆共产党人纯正本色，推进伟大事业建设，更要大力弘扬这种好作风，确保党永远不变质、不变色、不变味。

第七章 严格程序 强化意识
——加强对发展对象的培养考察

习近平总书记在党的十九届七中全会第二次全体会议上的讲话中指出，所有共产党员都要增强党员意识，正确行使党员权利，自觉履行党员义务，严格遵守党的纪律，坚定维护党的形象，践行全心全意为人民服务的根本宗旨，始终保持同人民群众的血肉联系，涵养廉洁自律的道德修为，始终心有所畏、言有所戒、行有所止，不断锤炼意志力、坚忍力、自制力，永远做一个一心为公、一身正气、一尘不染的人。

第一节　发展对象的培养教育

理论 学习角

要立足党的事业后继有人这一根本大计，牢牢把握培养社会主义建设者和接班人这个根本任务，引导广大青年在思想洗礼、在实践锻造中不断增强做中国人的志气、骨气、底气，让革命薪火代代相传！

——习近平在庆祝中国共产主义青年团成立100周年大会上的讲话

入党积极分子被确定为发展对象后，所在单位党组织要继续对其进行培养教育和考察，及时为发展对象确定入党介绍人，组织发展对象参加短期集中培训，对发展对象进行政治审查等①。

一、入党介绍人的确定和主要任务

《中国共产党发展党员工作细则》对入党介绍人的确定作出具体规定："发展对象应当有两名正式党员作入党介绍人。入党介绍人一般由培养联系人担任，也可由党组织指定。受留党察看处分，尚未恢复党员权利的党员，不能作入党介绍人。"入党介绍人的确定是党员发展工作中的重要环节，直接影响到新党员的培养和发展。

（一）入党介绍人的确定

《中国共产党发展党员工作细则》规定，发展对象应当有两名正式党员作

---

① 党员发展对象的确定和考察[J].党建,2022(5):1.

为入党介绍人。由两名正式党员担任入党介绍人，一方面是为了在出现入党介绍人因工作变动或其他因素缺位时，确保发展对象培养教育的连续性和发展党员工作的连续性；另一方面是党组织能通过不同的入党介绍人，多角度了解发展对象的情况，确保发展对象的考察客观全面。入党介绍人一般由入党积极分子时期的培养联系人继续担任，不能由发展对象自己约请，因特殊情况培养联系人不能再担任入党介绍人时，应由所在党支部另行指定。党组织在指定入党介绍人时要注意其与发展对象本人的关系，发展对象的直系亲属一般不宜担任其入党介绍人。需要强调的是，预备党员不能担任入党介绍人，主要是因为预备党员还在接受党组织的教育和考察，思想还未完全成熟，同时也没有表决权、选举权和被选举权。党章明确规定："党员在留党察看期间没有表决权、选举权和被选举权。"因此，留党察看处分期间的党员不能担任入党介绍人。

（二）入党介绍人的主要任务

《中国共产党发展党员工作细则》第十五条对入党介绍人的主要任务作出了具体规定，主要包括以下五个方面内容：

(1)向发展对象解释党的纲领、章程，说明党员的条件、义务和权利；

(2)认真了解发展对象的入党动机、政治觉悟、道德品质、工作经历、现实表现等情况，如实向党组织汇报；

(3)指导发展对象填写《中国共产党入党志愿书》，并认真填写自己的意见；

(4)向支部大会负责地介绍发展对象的情况；

(5)发展对象批准为预备党员后，继续对其进行教育帮助。

二、发展对象应接受短期集中培训

对发展对象进行短期集中培训是发展党员工作中一个十分重要的环节，也是发展对象在入党前的必经环节。发展对象通过参加短期集中培训，加强对党的创新理论、党的基本知识的学习，进一步端正入党动机。对大学生发展对象进行短期集中培训，一般由学校基层党委或学校党委组织部门组织实施。对发展对象进行入党前短期集中培训，应注意以下事项。

（1）短期集中培训计划。对大学生发展对象进行短期集中培训，要把学习贯彻习近平新时代中国特色社会主义思想作为首要政治任务，以坚定信仰、增强党性、提高素质为重点，不断增强针对性和有效性，引导发展对象深刻领悟"两个确立"的决定性意义，坚决做到"两个维护"。培训过程要有组织、有计划、有步骤，制定计划时要明确培训的对象、内容、方式等关键要素。

（2）短期集中培训的时间。《中国共产党发展党员工作细则》明确规定了短期集中培训时间一般不少于三天（或不少于二十四个学时）。在培训时，不能随意缩短培训时间，要结合实际情况，根据培训内容合理安排培训课时。

（3）短期集中培训的形式。短期集中培训的形式主要包括：课堂教学、实践研学、交流研讨和个人自学等。在课堂教学方面，以集中授课、专题讲座、先进事迹报告会、案例示范等方式开展培训。在实践研学方面，注重实践促学，充分挖掘校内外资源开展现场教学、志愿服务等实践活动。在交流研讨方面，强化学员之间交流互鉴，组织学员分组研讨。接受培训的发展对象要围绕理论学习谈体会、聚焦实践学习谈感受，进一步深化学习效果。在个人自学方面，重点学习习近平新时代中国特色社会主义思想、党的二十大精神、党章等内容和学习辅导教材。

（4）短期集中培训的内容。大学生发展对象短期集中培训的主要内容有：习近平新时代中国特色社会主义思想和习近平总书记关于党的建设的重要思想；党的二十大精神和党章；党的历史和《关于党内政治生活的若干准则》《关于新形势下党内政治生活的若干准则》《中国共产党普通高等学校基层组织工作条例》等内容。

（5）短期集中培训的考核。党组织在学生发展对象培训结束时，应对培训对象进行必要的考核。考核结果要综合考虑发展对象培训期间表现、作业完成情况以及培训考试成绩，不能简单地"唯分数"论。对参加短期集中培训且考核合格的发展对象，若一年半内未被接收为预备党员，在被吸收入党前，应重新参加短期集中培训。

党员标准的历史嬗变①

中国共产党的党员标准是对党员提出的条件和要求，是规范和约束党员行为的基本尺度。一直以来，中国共产党十分重视党员标准，始终根据自身地位和任务的变化，不断严格党员标准，切实提高党员质量。

新中国成立之前：强调党员要做"群众模范"

1929 年 12 月，为解决在农村环境中保持党和红军先进性的问题，毛泽东在红四军第九次代表大会上起草了《古田会议决议》，提出入党的五个必备条件，除了强调政治观念、牺牲精神外，还特意增加了"没有发洋财的观念，不吃鸦片不赌博"等具体条款。当时，许多从农村入伍的战士和从旧军队起义投诚的官兵是抱着"当兵吃粮""炮声一响，黄金万两"等思想参加红军的。因此，自觉克服"发洋财"的思想、去掉抽鸦片和赌博的恶习，这些标准具有很强的现实性和针对性，使我们的党和军队与旧党派旧军队划清了界限。

严格党员标准，中国共产党把这一原则作为增强战斗力的一条重要方法，并将之贯穿党的各个历史阶段。1939 年 5 月 30 日，时任中组部部长的陈云在《怎样做一个共产党员》一文中，根据党的性质和当时的任务，比较完整地提出了共产党员的六条标准。这些标准把"终身为共产主义奋斗"作为党员标准的核心内容，也第一次明确提出党员要做"群众模范"的要求，为千百万要求入党和已经入党的先进分子的自觉锻炼和努力指明了方向和方法。

党员队伍在短期内迅速扩大，若不能及时加强对新党员的教育引导，使之端正思想，树立正确的世界观和人生观，势必会影响整个队伍的健康成长，进而影响党的事业继续向前。基于此，时任中原局书记刘少奇撰写了《论共产党员的修养》，列举了党员需要锻炼六个方面的修养。中央政治局于 1939 年 8 月 25 日作出《关于巩固党的决定》，提出党员发展工作"求精不求多"。1940 年 10

---

① 建党以来 党员标准经历了哪些变化？[EB/OL]. (2016 - 04 - 08)[2024 - 04 - 12]. https://www.12371.cn/2016/04/08/ARTI1460105621354554.shtml.

月1日,陈云在党内刊物《共产党人》上发表《巩固秘密党的几个问题》,明确提出"党员的质量重于数量"。党员标准、党员质量、党员修养,三者融合在一起,成为中国共产党队伍不断发展壮大的基石。

新中国成立之后:强调"为更高的共产党员的条件而斗争"

1951年2月,毛泽东在起草中央政治局扩大会议决议要点中,号召要通过"普遍进行关于怎样做一个共产党员的教育,使所有党员明白做一个共产党员的标准"。时隔一个多月,中国共产党第一次全国组织工作会议召开,刘少奇作了《为更高的共产党员的条件而斗争》的报告,提出共产党员标准的八项条件。

这两次会议的召开有着强烈针对性。新中国成立初期,百废待兴,各级党组织突击发展了一大批新党员。到1951年初,党员数量已达580万。在发展党员过程中,有的地方没有实行严格的控制与检查,致使一些思想落后分子也被吸收到党内。与此同时,一些老党员则认为革命胜利后任务已"完成",贪图享受,不思进取。刘少奇指出,中国革命胜利后,新的更伟大更艰苦的革命任务已经被提了出来,因此,今后共产党员必须比过去具有更高的条件,才能担负这些任务,否则是不能担负这些任务的。

为了保持党的纯洁性,继续提高党员质量,党中央采用批评——教育——清退的途径进行整党:先开展党内批评与自我批评,考察每个党员的历史和现实表现,对不符合党员标准的进行教育和改造,"对于经过教育仍不够条件的党员,作出适当的结论,指出他们不够条件,并请他们退党,这是必要的。"1951年至1953年,有23.8万名"各种坏分子和蜕化变质分子"被清除出党,9万多人不够党员标准自愿或被劝告退党,党员质量和数量得到双重提升,有效增强了党在人民群众中的威信和凝聚力。

第二节　发展对象的政治审查

坚定理想信念，必先知之而后信之，信之而后行之。大家一定要明白，理想信念不是拿来喊空头口号的，只有见诸行动才有说服力。大家还要牢记，坚定理想信念不是一阵子而是一辈子的事，要常修常炼、常悟常进，无论顺境逆境都坚贞不渝，经得起大浪淘沙的考验。

——习近平在2022年春季学期中央党校（国家行政学院）中青年干部培训班开班式上的讲话

《中国共产党发展党员工作细则》规定："凡是未经政治审查或政治审查不合格的，不能发展入党。"对发展对象进行政治审查是发展党员必须履行的手续之一，也是保证新党员质量的重要一环。政治审查人员应由党性强、作风正、工作扎实的正式党员担任。我们党是政治组织，对发展对象进行政治审查的目的，是为了党组织对入党申请人有一个全面的了解，便于党组织掌握他们的政治历史和政治表现，知道他们的政治立场和对重大原则问题的态度，避免敌对分子、阶级异己分子、腐败分子和其他不具备党员条件的人混入党内。

一、政治审查的主要内容

政治审查的主要内容是：对党的理论和路线、方针、政策的态度；政治历史和在重大政治斗争中的表现；遵纪守法和遵守社会公德情况；直系亲属和与本人关系密切的主要社会关系的政治情况。

直系亲属一般指有直接血缘关系或婚姻关系的亲属，如父母、配偶、子女、经办理法定手续的养父母和养子女。主要社会关系通常是指在政治上或经济上与其联系密切影响较大的旁系亲属和近姻亲,如岳父母(公婆)、伯叔姑舅姨,还包括与发展对象关系密切的朋友、同事、同学、同乡等。审查发展对象的直系亲属和主要社会关系,并不要求调查上述范围的每一个人,同本人没有或很少有联系、影响不大的非直系亲属,可不列入政治审查的范围。

二、政治审查的基本方法

(一)同本人谈话

对发展对象进行政治审查,可通过同发展对象本人谈话,了解核实有关情况。申请人应向政审人员详细说明自己的政治历史情况和政治态度,在亲身经历的重大政治斗争中的政治立场、思想倾向、认识和表现等,有什么成绩,存在哪些问题,有无违法违纪等情况。在政审调查过程中,调查人可根据需要提供一些必要的线索,通过与证明人交谈,以取得真实可靠的材料。

(二)查阅有关档案材料

政治审查可通过查阅有关档案材料了解发展对象情况。档案材料包括个人报告的自传履历、学历学位材料等。在接受党组织审查时,每个申请入党的人都要忠诚老实,不能回避和隐瞒问题。对审查中发现的问题,要积极主动地向党组织提供情况和线索,积极配合党组织搞好审查。

(三)找有关单位或人员了解情况

对发展对象进行政治审查还可通过找有关单位或人员了解情况的方式进行。对高校来说,对不在原籍地党支部申请入党的发展对象,必须至原籍地党支部进行政审。经办人应为党支部书记或组织委员。不设支部委员会的,一般要找对本人情况较了解的两名以上党员了解情况;有支部委员会的,除征求大多数支部委员意见外,还要找对本人情况较了解的两名以上党员了解情况;设总支部的,还需要找总支委员了解情况。不能由原籍地支部书记的个人意见代替支部意见。情况了解清楚后,由发展对象原籍地党支部形成证明材料,并由原籍地党支部的上级党委审核盖章。

证明材料主要内容包括:第一,了解情况的整个过程;第二,发展对象有无问题,作何结论,受何处理;第三,发展对象及父母、配偶、子女等直系亲属的现实表现(包括政治思想、工作、生活等方面),有无违章建房、参与黄赌毒、封建迷信、打架斗殴等一些不道德及违法违纪问题,作过何种结论,受过何种处理;第四,其他需要说明的情况;第五,政审人员签名,并加盖原籍地党支部公章。

(四)必要的函调或外调

函调或外调主要针对:发展对象有的政治历史问题不清楚,需要到其他单位进一步核实的;发展对象曾学习或工作过多年的单位在异地的,需更好地了解发展对象情况的;直系亲属和与本人关系密切的主要社会关系在异地的。党组织对发展对象用函调或外调进行政治审查时,需要按照有关规定办理必要的函调或外调手续。办理函调或外调手续时要求:县(市、区、旗)委、直辖市和省辖市的区委,或相当于县级以上机关、学校、企事业单位党委及其组织部门,军队团或相当于团级以上的政治部门均可直接互相发函索取调查证明材料;地方县级以下党组织,军队团以下的党组织,需要调查或索取证明材料时,不论是函调还是派人调查,均必须通过县(团)级以上党委组织部门发函和开具介绍信,并加盖公章。

函调或外调注意事项:第一,所调查的问题必须是与发展对象能否入党密切相关,没什么关系的问题和一些不必要搞清楚的细枝末节不必进行调查。第二,函调能解决问题的,就不必派人外调;能就近调查解决的,就不要往远处调查。第三,外调时必须有两名正式党员。发函调查证明材料时,一律使用统一格式的函调证明材料信和函调回信。对外调手续不完备的,有关党组织可不予受理。政审材料一般由政审对象所在党支部出具并盖章,同时加盖上级党委公章。

(五)形成结论性政治审查综合报告

政治审查综合报告(即政治审查结论性材料),是党组织在调查、考察的基础上,对发展对象进行较为全面评价的重要材料,也是上级党委审批党员的主要依据之一。因此,当入党积极分子被列为发展对象后,党组织应及时把他的政治审查情况综合起来,形成材料,以备讨论其入党时向支部大会报告。政治审查综合报告包括以下材料:

(1)发展对象的基本情况、主要经历、直系亲属和主要社会关系的情况。

(2)政治审查情况,重点写清楚其关键时期的表现。

(3)本人要求入党和组织上培养教育的过程材料。

(4)现实表现情况。即写其在政治、思想、工作、学习、作风等方面的主要表现,有哪些优点,取得了哪些成绩,仍有哪些不足,今后要注意解决什么问题,以及群众基础如何。

(5)政治审查结论及支部意见。在政治审查的基础上进行综合分析,并作出政治审查结论等意见,如:"该同志本人及其直系亲属和主要社会关系无政治历史问题,政治审查合格。根据其现实表现,该同志已具备入党条件,拟在近期逐级报经上级党委预审同意后,提交支部大会讨论并表决其入党问题……"

三、发展对象政治审查的要求及注意事项

（一）政审工作是一项严格的工作

政审工作应由两名以上党性强、作风正,坚持原则、实事求是的正式党员承担。在进行政治审查时,应坚持从实际情况出发,既要严格按章办事,又不宜太过烦琐;既要看发展对象本人对党的路线方针政策的态度、其政治历史和一贯思想政治表现,又要严格审查发展对象在重大政治问题上的表现情况。

（二）政审材料的提供和取得必须由党组织进行

政审材料的提供和取得必须由党组织进行,其他人不得私自索取或提供证明材料。调查发展对象的直系亲属和主要社会关系情况时,必须由党组织或有关人员出面了解,不得随便查阅他们的人事档案。有关重要问题或者特别复杂的问题,须形成正式书面报告。

（三）政审工作是一项保密工作

政审工作要保密,不得随意泄露有关政审情况,也不得将证明材料交给被证明人看。查阅入党申请人的档案材料,要注意和本人的现实表现结合起来,对过去形成的政审材料,如确实可靠,可不必重新调查。对本人已向组织讲清楚的问题,不再要求其重新说明;政审不能随意扩大审查范围。政审人员在听取本人意见和查阅有关资料后,情况清楚的,可不再函调或外调。

![知识空间站]

如何办理函调和外调的手续[①]?

（1）县（市、区、旗）委、直辖市和省辖市的区委，或相当于县级以上机关、学校、企事业单位党委及其组织部门，军队团或相当于团级以上的政治部门均可直接互相发函索取调查证明材料。

（2）地方县级以下党组织，军队团以下的党组织，需要调查或索取证明材料时，不论是函调还是派人调查，均必须通过县（团）级以上党委组织部门发函和开具介绍信，并加盖公章。

（3）调查证明材料一般应采用函调方法，要从严控制派人外出调查。凡能函调解决的，就不要派人外出调查，能就近调查解决的，就不要往远处调查。

（4）发函调查证明材料时，一律使用统一格式的函调证明材料信和函调回信。

对外调手续不完备的，有关党组织可不予受理。

政审材料一般由政审对象所在党支部出具并盖章，同时加盖上级党委公章。

[①]如何办理函调和外调的手续？［EB/OL］.（2019－09－06）［2024－03－12］. https://fuwu.12371.cn/2016/09/06/ARTI1473123745309326.shtml.

第三节　发展对象转为预备党员的程序

理论 学习角

实现第二个百年奋斗目标，实现中华民族伟大复兴，青年一代责任在肩。希望同学们树立远大理想、热爱伟大祖国、担当时代责任、勇于砥砺奋斗、练就过硬本领、锤炼品德修为，努力成为对社会有用的人、道德高尚的人，积极投身全面建设社会主义现代化国家的伟大事业。

——习近平在福建闽江学院考察调研时的讲话

一、支部委员会应对发展对象进行严格审查

支部委员会在支部大会讨论发展对象入党问题之前，应对发展对象进行严格审查，认为符合要求的才报基层党委预审。基层党委预审合格的发展对象由支部委员会提交支部大会讨论接收预备党员事宜。支部委员会审查发展对象一般要完成以下几个方面工作。

（1）查阅发展对象相关入党材料是否完备。查阅发展对象从递交入党申请书以来的各项入党材料是否齐全、无误，检查材料是否真实有效。

（2）审查发展对象是否参加过党组织开展的短期集中培训，并按要求完成学习任务，达到培训要求。

（3）审查发展对象政治审查是否合格。

（4）要由党支部负责同志或组织委员同发展对象谈话，进一步了解其对党的认识、入党动机以及其他需要了解的情况。

（5）召开支部委员会，听取入党介绍人关于发展对象的情况汇报。在确认发展对象具备入党条件，手续完备后，报具有审批权限的基层党委进行预审。

二、基层党委预审

预审是发展对象填写《中国共产党入党志愿书》之前,党委办公室按照《中国共产党发展党员工作细则》的规定和有关发展党员工作的程序要求,对基层党支部的发展对象的综合材料,即发展对象的培养教育考察过程、政审情况、党内外群众意见情况、培养人及支委会情况逐一进行把关的一种必要程序。

(一)基层党委预审的主要内容

(1)对培养过程进行预审。主要审查发展对象的培养考察鉴定表是否填写齐全、清楚,符合实际。

(2)对政审情况进行预审。主要审查申报的发展对象本人政治历史和重大政治斗争中的表现,直系亲属和与本人关系密切的主要社会关系的政治情况是否调查清楚,并手续完备。

(3)对培训情况进行预审。主要审查申报的发展对象是否经过党的基本知识集中培训,并考试及格。

(4)对党员标准进行预审。主要是在基层党支部征求党内外群众意见的基础上,组织员再次深入发展对象所在单位采取个别谈话的方式,进一步征求党内外群众的意见,对党内外群众反映较好,威信较高,党员标准体现比较突出的,经党委办公室研究将提出可以发展的意见,反之将提出暂缓发展的建议。

经上述预审,认为基本符合党员条件,培养考察时间符合要求,政审手续完备,又经培训考试合格的,发给发展对象《中国共产党入党志愿书》。

(二)基层党委预审的注意事项

(1)基层党委要指定专人对发展对象的入党材料进行详细审阅,必要时还应查阅本人的档案材料。发现材料不齐全的,应通知党支部补报有关材料并了解相关情况。

(2)为了不影响党支部及时召开支部大会讨论接收发展对象为预备党员事宜,基层党委接到党支部上报的预审材料后,一般应在一个月内完成预审。基层党委对发展对象预审后,预审材料应及时退回党支部。

(3)完成预审后,应将审查结果以书面形式通知党支部。对于预审合格的发展对象,要发放《中国共产党入党志愿书》,让其按要求填写。预审不合格的发展对象,基层党委应向党支部说明理由,并提出进一步对其进行教育培养的意见。党支部要根据基层党委预审的意见,积极做好有关工作,对于尚不成熟的发展对象,要向其说明原因,做好其本人的思想工作,并进一步落实对其培养教育的措施,帮助其进步成长。

三、填写入党志愿书

党组织对申请入党的人,经过一定时间的系统培养、教育和考察,认为已经具备了入党条件,可以提交党支部大会讨论时,由组织部门安排填写《中国共产党入党志愿书》。

填写入党志愿书是入党程序中的一项重要内容。要根据自己思想认识和思想变化过程,着重写本人对党的认识,入党动机(为什么要入党),以及入党后的决心等。其内容主要包括:①对入党的态度。一般第一段要明确写出自己入党的态度:"我志愿加入中国共产党"。②对党的认识。主要包括:如何认识党的性质、党的纲领和章程;如何认识党的历史;如何认识党的领导和党的路线、方针和政策等。③入党动机、目的,即为什么要入党。④当前自身存在的优缺点以及发扬优点、克服缺点的决心和措施。⑤入党的决心。

填写入党志愿书只是入党必须履行的手续之一,即使在组织上入了党,思想上是否真正入党还要看入党后的言行。因此,在入党志愿书中还要表明自己有不被接受的思想准备、进一步努力的打算或入党后的态度、决心等。入党志愿书与入党申请书不同,是经过系统培养、教育和考察后,自己的思想和认识更加成熟后书写的。

四、入党前谈话

(一)入党前谈话的主要内容

党委在审批预备党员前,指派党委委员或组织员同发展对象谈话,是发展党员工作中的一项重要程序。一方面使党委能直接了解发展对象的情况,保证审批意见准确,防止不具备党员条件的人进入到党内来。另一方面通过谈话,可以有针对性地帮助发展对象进一步提高对党的认识,端正入党动机。此外,党委还可以通过这次谈话,了解党支部对发展对象的培养教育情况。谈话应主要了解发展对象的以下情况:

(1)发展对象对党的认识。

(2)发展对象的入党动机和目的是否端正。

(3)发展对象掌握党的基本理论和基本知识的情况。

(4)发展对象的道德品质和工作态度如何。

(5)发展对象积极要求入党的情况,目前的主要优缺点。

(6)发展对象需要向党组织说明的其他重要政治历史问题。

了解这些情况后,负责谈话的人还要有针对性地对发展对象进行党的基本知识教育,帮助其端正入党动机;同时,针对发展对象的缺点和不足,指出今后努力的方向。

(二)党组织与发展对象谈话前的准备工作

党组织与发展对象谈话前,要做好必要的准备工作,保证谈话达到预期效果。

要仔细审阅党支部上报的有关发展对象的入党材料(入党申请书、思想汇报材料、培养教育考察材料、调查证明材料、听取党内外群众意见材料、入党志愿书、组织审查报告等)。

党组织如果认为有必要,可以调阅本人档案及其他相关材料。

党组织在审阅发展对象的入党材料中发现有疑惑或不清楚的问题,应深入其所在单位,向有关人员调查核实。

要根据发展对象的具体情况作出具体分析,确定谈话内容和谈话方式,并据此列出谈话提纲。

(三)党组织与发展对象谈话时的基本要求及注意事项

谈话一般可采取提问式、启发式、疏导式、灌输式相结合的方式,并要讲究谈话的艺术。

(1)要注意调整对方的心理状态。谈话时,要始终注意掌握对方的心理变化,调整其心理状态,以增强谈话的效果。一般而言,谈话开始阶段,对方往往紧张,这时就要设法消除其紧张心理。为此,除以平等热情的态度对待对方外,也可先和对方"拉拉家常",使其情绪放松,还可先交代谈话要点,并给对方一些思考的时间,然后再开始谈话。

(2)要做到因人而异,防止公式化。谈话时,要根据对方的职业、文化程度、年龄、性格的不同而采取不同的谈话方式。和青年谈话,就要活泼风趣,富于鼓动性;和年长者谈话,就要神态稳重,端庄文静;和知识分子谈话,就要语言准确,富于哲理;和工人谈话,就要直截了当,通俗易懂;和领导干部谈话,就要谈吐精练,道理深刻;和性格外向的人谈话,就要爽快利落,直来直去;和性格内向的人谈话,就要施以"心理升温",刺激其兴奋点。

(3)要有思想性和政治性。从谈话的内容和任务可以看出,谈话中需要考察了解的各个方面都是心灵深处的、内在性的东西。可以说,谈话是一项艰巨的世界观、人生观、价值观的挖掘。这就决定了谈话必须具有较强的思想性和政治性。要达到这一目的,不仅要求谈话者本人要居于更高的思想层次上,与谈话对象往来于由事及理的探讨之间,而且要紧扣谈话的主题,引导其对所列谈话内容形成一定深刻认识,防止把谈话变成一般座谈和闲聊。

(4)要将考察与教育有机地结合起来。考察与教育是相辅相成的,互相促进的。通过考察,发现对方在认识上的差距,可为教育作向导;反过来,通过教育,使对方受到启迪,认识升华了,又可能动地加深考察。因此,谈话既要对其进行考察,又要有针对性地对其进行教育,把两者有机地结合起来。

(5)要抓住重点,不要面面俱到。谈话时,应根据发展对象的具体情况,把握谈话的重点,使谈话的每一个话题都有鲜明的针对性,都是关系发展对象是否具备党员条件的重要方面的问题,特别是思想认识方面的问题。

故事 运输机

革命前辈追求入党的故事[①]

在中国革命的岁月里,一批又一批的先进分子舍弃个人利益乃至生命,义无反顾地加入中国共产党的行列。他们出身各异,参加革命的时间有先有后,

---

①革命前辈追求入党的故事[EB/OL].(2022-07-01)[2024-04-10].https://www.12371.cn/2022/07/01/ARTI1656667720812325.shtml.

但为了一个共同的目标，汇集在了中国共产党的旗帜下。他们为实现理想而表现出来的坚韧不拔的意志和昂扬的奋斗精神，成为共产党人永远的精神财富。

徐特立：一本没有字的教科书

徐特立被称为"延安五老"之一。1927年5月，时年50岁的徐特立毅然决然地加入中国共产党。陆定一称赞他入党的行动："这本没有字的教科书，比什么教科书都好，也比什么教科书都重要。"

徐特立出生于湖南省长沙县的一个贫苦农民家庭，在备尝贫寒之苦中，逐渐成长为一名进步的知识分子。1927年4月，蒋介石发动"四一二"反革命政变，大肆屠杀共产党员和革命群众，全国陷入白色恐怖之中。同年5月21日，反动军阀许克祥在长沙发动"马日事变"，党在当地的组织受到严重破坏，被迫转入地下活动。不少党员同组织失去联系，一些不坚定分子纷纷脱党，有的公开在报纸上发表脱党声明。在这样极端险恶的条件下，徐特立找到自己过去的学生，中共湖南省委负责人李维汉，义无反顾地要求加入中国共产党。李维汉说："革命失败了，到处都在杀共产党，你愿意加入共产党？"徐特立回答："只要共产党能允许我加入组织，那我就真是获得了新生命！"

1937年，毛泽东在给徐特立60岁寿辰的祝贺信中说道："你是我20年前的先生，你现在仍然是我的先生，你将来必定还是我的先生。当革命失败的时候，许多共产党员都离开了共产党，有的甚至跑到敌人那边去了，你却在1927年秋天加入了共产党，而且态度是十分积极的。"

贺龙：党叫我怎么办，我就怎么办

早在北伐时期，贺龙就是一位英勇善战、战功赫赫的著名将领，是两把菜刀闹革命的传奇式英雄。中国共产党的成立，使贺龙在黑暗中找到了光明。1924年底，贺龙通过各种渠道寻找共产党。他先后接触了共产党员夏曦、毛泽东派来的兼有国共两党省委委员身份的陈昌甫，并慷慨资助中共5万银圆。1926年8月，贺龙向国民革命军总政治部派到他的军中开展整治工作的共产党员周逸群提出入党请求。由于当时中共规定，在友军内部不准吸收高级军官入党，周逸群只好对他说："共产党是不关门的，只要够条件，时机一到，一定会有人找你。"在大革命失败前夕，面对白色恐怖，有的人动摇了，有的人甚至背叛了革命，但贺龙对中国共产党却意志弥坚。

1927年7月中旬，汪精卫撕下了革命的伪装，断送了国共合作的大好形势。已官拜中将军长高位的贺龙，却毅然放弃国民党的高官厚禄，不顾反动阵営的威逼利诱,义无反顾地率部参加南昌起义,成为起义部队的中坚力量和最高军事指挥官。

南昌起义后,作为起义部队总指挥,贺龙更加坚定了加入共产党的愿望。周逸群将这一要求转达给了起义部队中共前敌委员会书记周恩来。起义军返回瑞金后,周恩来主持召开前委会议,一致通过了贺龙的入党申请。随后,在瑞金绵江边上一所学校举行了由周逸群、谭平山作为介绍人,起义部队总指挥贺龙、政治部主任郭沫若和革命委员会党务部常委彭泽民三位起义部队高级干部的入党宣誓仪式。起义部队前委书记周恩来出席贺龙等人的入党仪式并作了重要讲话。

贺龙这位刚猛的铁骨硬汉,激动得流下了眼泪。他表示:"党为了考验我,培养我,整整有三个年头,直到'八一'起义后,才批准我参加。由此可见,当一个中国共产党党员是很不容易的,是要经得起考验的,而且参加党之后更要经得起党的长期考验;绝不是一参加之后,就万事大吉了,就不再要党的考验了。今后,党叫我怎么办,我就怎么办;纵使粉身碎骨,也绝不背叛党!"

宋庆龄:共产党是"唯一拥有人民大众力量的政党"

1949年9月,宋庆龄参加中国人民政治协商会议第一届全体会议,并当选为中央人民政府副主席。宋庆龄在会上说:"我们达到今天的历史地位,是由于中国共产党的领导。这是唯一拥有人民大众力量的政党。"

宋庆龄伟大光辉的一生中,曾有过三次申请入党经历。1950年3月,宋庆龄第一次给中共中央写信,表达了多年向往加入共产党的心情。中共中央在收到宋庆龄的信后,暂未作明确答复。1952年10月,宋庆龄认为前信请求入党的意思并未表达清楚,于是决定直接给毛泽东写信。毛泽东甚为感动,他对宋庆龄真诚地表示:"你要求加入中国共产党,对中国共产党是一个光荣。因为你在政治上是完全够格的。在革命战争的时期,实际上你已经是我党优秀的领导者之一。今后还有许多工作需要你,有些事情我们党内的同志做不好,你做却很合适……所以还是留在党外好。"1957年4月,宋庆龄向当时正在上海的刘少奇当面提出加入中国共产党的要求。刘少奇回京后向毛泽东和中央政治局作了汇报,讨论研究后仍倾向于宋庆龄继续留在党外,以便更好开展工作。宋庆龄听完意见后,表示理解和接受,此后再未正式提入党要求。

1981年5月16日,88岁高龄的宋庆龄已经病危,邓小平来到她的榻前探望。此前一天,中央政治局召开紧急会议,已作出接收宋庆龄为正式党员的决议,邓小平由衷地祝贺她加入中国共产党。当天下午,第五届全国人大常委会举行第十八次会议,决定授予宋庆龄中华人民共和国名誉主席的称号。

许德珩:我生活道路上的一个新的里程碑

许德珩曾是五四运动的先锋,又是九三学社的发起者和长期的领导人。他申请加入中国共产党的时间长达50余年,成为由民主主义者转变为共产主义者的榜样。

五四运动时,许德珩是北京大学游行队伍的组织者和各校学生联合宣言的起草者。1927年初,许德珩从法国回国后,找到自己北大的老师、时任中共中央总书记的陈独秀,以及老朋友恽代英等,讲述了自己对共产主义的信仰追求,还向组织上正式提出了入党申请。1932年,在北平面对国民党宪兵、特务到处抓人、杀人形成的白色恐怖,许德珩真正认识到中国共产党的伟大,又向地下党组织秘密提出了入党申请。当时,党组织鼓励他追求进步,不过鉴于他在社会上的影响和其他原因,认为他还是留在党外为好。1937年全面抗战爆发后,许德珩奔走于大后方,以社会知名人士身份担任了国民参政会参政员,他怒斥汪精卫等投降派,反对国民党一党专政,成为抗日民主人士的旗帜。在严峻的斗争中,党组织长期把许德珩视为党外同志。1961年,许德珩又一次提出入党申请,中央考虑到他是九三学社负责人等原因又未同意。1979年春天,在十一届三中全会召开后的一派大好形势下,许德珩又向党组织提出:"我唯一的愿望,就是在我身后能追认我为一名中国共产党党员。"同年,许德珩以89岁高龄加入了中国共产党。他说:"每个人一生中都有自己最难忘的经历,使我最难忘的是,我在89岁之际,光荣地加入了中国共产党。这是我生活道路上的一个新的里程碑。"

第四节　发展对象考察期常用文书格式

理论学习角

立足新时代新征程，中国青年的奋斗目标和前行方向归结到一点，就是坚定不移听党话、跟党走，努力成长为堪当民族复兴重任的时代新人。一代人有一代人的长征，一代人有一代人的担当。新时代中国青年对先辈最好的告慰、对历史最大的负责，就是坚定走好新时代的长征路。

——2022 年 4 月 25 日习近平在中国人民大学考察调研时的讲话

一、思想汇报的写法

在确定为发展对象以后，发展对象要积极主动地以书面形式定期向党组织汇报自己的思想、学习和工作情况，接受党组织的教育和监督。

（一）思想汇报的书写格式及内容

（1）标题。居中写"思想汇报"。

（2）称谓。即汇报人对党组织的称呼，一般为"敬爱的党组织"。顶格书写在标题的下一行，后面加冒号。

（3）正文。发展对象要结合自己的学习、工作和生活情况，向党组织反映自己的真实思想状况。具体内容根据个人实际来定。如果对党的基本知识、马克思主义的基本理论的学习有所收获，可以通过思想汇报的形式，将学习体会和思想认识向党组织说明；如果对党的路线、方针、政策或一个时期的中心任务有什么看法，也可以在思想汇报中表明自己的态度，阐明自己的观点；如果参加了重要的活动或学习了某些重要文章，可以把自己受到的教育写给党组织;如果遇到国内外发生重要政治事件时,则要通过学习提高对事件本质的认识,旗帜鲜明地向党组织表明自己的立场;如果在自己的日常生活中遇到了个人利益同集体利益、国家利益产生矛盾的问题,可以把自己的想法以及对待和处理问题的情况向党组织汇报等。

(4)结尾。思想汇报的结尾可写上自己对党组织的请求和希望。一般用"恳请党组织给予批评、帮助"或"希望党组织加强对本人的培养和教育"等作为结束语。在思想汇报的最后,要署名和注明汇报日期。一般居右书写"汇报人×××",下一行写上"××××年××月××日"。

（二）写思想汇报应注意的问题

思想汇报应是真实思想的流露,最重要的是真实,切忌空话、套话、假话,做表面文章。写思想汇报应根据不同时期的思想认识状况集中汇报,或将认识深刻的一、两个方面的问题谈深谈透,不要罗列多个方面的问题泛泛而谈。写思想汇报要密切联系自己的思想实际,不要长篇大段地抄录党章、报告、领导讲话和报刊文章的内容,防止形式主义。写思想汇报要实事求是,对自己做一分为二的评价,不但要对自己的成长进步进行肯定,而且要找准存在的不足,敢于向党组织暴露缺点和问题。

二、入党志愿书的基本写法

党组织对申请入党的人,经过一定时间的系统培养、教育和考察,认为已经具备了入党条件,可以提交党支部大会讨论时,由组织部门安排填写《中国共产党入党志愿书》。写入党志愿书时,要根据自己思想认识和思想变化过程,着重写本人对党的认识,入党动机(为什么要入党),以及入党后的决心等。

（一）入党志愿书的主要内容

撰写入党志愿书时,应包括以下五个方面的主要内容:

(1)表明入党的态度。一般第一段要明确写出自己对入党的态度:"我志愿加入中国共产党"。

(2)阐述对党的认识,主要包括:如何认识党的性质、党的纲领和章程;如何认识党的历史;如何认识党的领导和党的路线、方针和政策等。

(3)入党动机、目的,即为什么要入党。

(4)当前自身存在的优缺点以及如何发扬优点、克服缺点的决心和措施。

(5)表明入党的决心。填写入党志愿只是入党必须履行的手续之一,即使在组织上入了党,思想上是否真正入党还要看入党后的言行。因此,在入党志愿中还要表明自己有不被接受的思想准备、进一步努力的打算或入党后的态度、决心等。

(二)写入党志愿书应注意的问题

入党志愿书中对入党志愿有篇幅的限定,写入党志愿书的人要根据自己字体大小注意把握字数,设计好版面。

入党志愿书与入党申请书不同,它是经过组织系统培养、教育和考察后,自己的思想和认识更加成熟后书写的。入党志愿书是发展对象争取入党的一个总结性材料,不能全篇照抄入党申请书。

三、支部综合意见的基本写法

支部综合意见是党支部向上一级党组织提出的,拟将发展对象发展成为预备党员的意见。支部综合意见的基本书写格式及内容:

(1)标题,居中写"关于拟发展×××同志入党的支部综合意见"。

(2)称谓,即上一级党组织名称。顶格书写在标题的下一行,后面加冒号。

(3)正文主要内容包括:第一,该同志的基本情况和现实表现;第二,政审综合意见(政治历史是否清楚,要下结论)。

(4)结尾,一般写"我支部拟发展×××同志为中共预备党员,请审批。"居右书写党支部名称,支部书记签名。下一行写上"×××年××月××日"。

四、群众评议意见的写法

发展党员要注意征求党内外有关群众的意见,对入党积极分子进行评议,体现了党的群众路线,有利于考察入党积极分子,保证新党员质量。群众评议应以群众座谈会为主,可辅之以问卷调研、个别谈话等形式。写群众评议意见时注意以下几点。

(1)要保证出席评议的党外群众数量,不能过少,一般不少于10人。

（2）群众评议的与会人员要在会议记录上签名。

（3）群众评议的会议记录要尽可能记录与会人员的原话。

故事运输机

焦裕禄的三份入党申请书[①]

1922 年 8 月 16 日，焦裕禄出生在山东省博山县北崮山村一户贫农家庭。因为生活艰难，他幼年时期只读了几年书就在家参加劳动。抗日战争爆发以后，在日寇、汉奸和国民党反动派的剥削和压迫下，焦家的生活越来越困难。1941 年，焦裕禄的父亲因交不起捐税，被逼上吊自杀。1942 年 6 月，焦裕禄又被日寇抓到东北抚顺大山坑煤矿当劳工。1943 年，因忍受不了日寇的迫害，他逃回了家乡，但因为没有"良民证"，无法生活下去，又被迫逃到江苏宿迁，给地主打长工。

1945 年 8 月，新四军解放宿迁，经常组织劳苦大众开会宣传党的政策和主张，焦裕禄认识到八路军共产党才是真为人民办事的。同年秋天，焦裕禄返回家乡。为了参与家乡的解放，他主动加入了村民兵组织，由于严格执行当地党组织和政府的政策纪律，在村中威信较高，后来当上了队长。他积极参与村里的反霸反伪顽斗争，白天参加生产、斗争会，晚上巡逻放哨、观察敌情。

当民兵期间，因焦裕禄历次参加革命斗争的实践，以及聆听组织领导民兵工作的共产党员的教导，再加上早年艰难求生的经历，他迅速地成长起来，也渐渐萌生了加入党组织的愿望。

焦裕禄找到当地党小组长焦方开同志谈话，要求入党，但是他并不知道，入党有一系列组织程序。焦方开问他："你写过入党申请书吗？因为共产党是无产阶级先锋队，参加党得具备一定的条件，不能像参加民兵那么简单。"焦裕禄本以为自己出身贫困家庭又参加了民兵，已经够入党条件了，却听到小组长教导说，党员不仅看出身还要有思想觉悟，鼓励他今后积极工作、奋勇抗敌，待

---

①贾关青. 焦裕禄的三份入党申请书［EB/OL］.（2012－04－09）［2024－05－25］. http://dangshi. people. com. cn/n1/2021/0409/c436975－32073490. html.

条件成熟即可写入党申请。他不仅了解了自己的不足,而且明白了自己努力的方向。

这次谈话后,焦裕禄写了三份入党申请书,才最终加入了党组织。

第一份入党申请书,焦裕禄写了自己当苦力、退学、坐牢、逃荒的经历,表示坚决要入党,打倒地主为亲人报仇。正要上交时,赶上党组织召开学习会,在这次会上党小组组长批评了部分同志中存在的公报私仇的狭隘思想:"有的同志思想觉悟还不高,一个共产党员应该想到全中国的老百姓和普天下的受苦人都有仇、都有冤、都有恨……消灭剥削阶级,推翻旧社会,实现共产主义,达到世界大同,这是我们党的大目标、总目标。如果参加共产党,仅仅是为了报私仇,就不够一个共产党员的条件……"焦裕禄听了这次党课后,觉得自己还不够党员条件,写好的申请书便没有交。

第二份入党申请书,焦裕禄专门请了一位老党员指点,重点写入党动机、对党的认识和决心。这次没有提交,是因为他违反了俘虏政策,把民兵团抓到的一个做尽坏事的俘虏的胳膊砍伤了。因此,受到了党组织的批评。批评过后,焦裕禄反思:一个人如果不能模范执行党的政策,怎么能够得上党员的标准呢?于是,他又将写好的申请书收了起来。

在经历两次思想考验以后,焦裕禄更加严格地要求自己,认真学习党的理论,模范执行党的政策纪律,并开始动手写第三份入党申请书。几经修改后,他郑重地将这份申请书交给焦方开。他在入党申请书上这样写道:"共产党是人民群众的救星,没有共产党,革命就不能胜利,穷人就不能翻身。我要听毛主席的话,跟共产党走,为推翻旧社会,建立新中国,实现共产主义而奋斗!"

1946年1月,焦方开郑重地告诉焦裕禄,上级党委已研究批准他成为一名共产党员。听到这个消息,焦裕禄激动万分,眼含着泪花:"我的条件还不够,对革命还没有作出啥贡献,对照誓词,我还差得很远很远……我要努力为党工作……"

从此,焦裕禄怀揣着对党的感恩之心,毅然投身于如火如荼的革命、建设事业,继续战斗着、前行着,努力践行入党誓词,一步步成长为一名优秀的党员干部。